ERA

Bernd Riemann

Dedicado a:

Marielle Seelen
Beatriz Norma Castiñeira Vercelli
Víctor Manuel Rodríguez Schwardt
Mario Melián
Julio Artiles Torres
Juan Jiménez Suárez
Francisco González Sánchez

Con afecto y agradecimiento.

ÍNDICE

"Evita los clichés,
el mundo es mucho más complicado"
Noam Chomsky

LA ERA DE LA RABIA

"Cualquiera se puede enfadar, eso es algo muy sencillo,
pero enfadarse con la persona adecuada, en el grado exacto,
en el momento oportuno, con el propósito justo y del modo correcto,
eso, ciertamente, no resulta tan sencillo".
Aristóteles

En nuestro tiempo, si uno se aventura a observar las interrelaciones y comunicaciones humanas desde una perspectiva no participativa, lo que uno percibe inmediatamente es un sentimiento de enfado colectivo que da la impresión de estar profundamente enraizado en lo más hondo del interior de una mayoría frustrada.

La gente parece interactuar ofensiva o defensivamente todo el tiempo, los debates y discusiones se llevan a un extremo donde pensamientos legítimos no pueden ser expresados sin sonar provocativos a alguien, los jóvenes que conforman una generación entera parecen desencantados con la vida y decepcionados con los adultos que les sobreconsintieron y les inhabilitaron para afrontar la implacable incertidumbre del presente, una alteración social se vislumbra en la manera en la que la gente prefiere centrar su atención en el oscuro brillo de sus dispositivos de distracción que distorsionan y trastornan toda interacción cívica, las mujeres claman por un derecho natural de igualdad que ni tradición ni razón puede rechazar con justificación alguna pero que permanece impugnado, los medios de comunicación refinan el arte de la gestión de la percepción propagando desinformación irrealista o resonando sonidos de desasosiego sustentados por escenas sobrecogedoras para acto seguido centrar la transmisión en segmentos de chismorreo, la industria del entretenimiento promueve subliminalmente agresión y violencia de un modo tan excesivo que acaba por convertir la empatía en indiferencia, desastres naturales creados por la antinatural actividad humana dejan paisajes de ruina y destrucción que se asemejan a un desenlace apocalíptico, el estado de salud empeora para gran parte de la población mientras la industria farmacéutica promociona la automedicación y la gente recurre instintivamente a algún tipo de sustancia que alivie el menor tormento sin percatarse de su disfunción, mensajes desafiantes de ira y fuego articulados por líderes racionalmente impedidos que amenazan la estabilidad geopolítica global y el resurgir de una escalada nuclear provocan en la mente recuerdos de un pasado de acero frío y cierto temor a que el orden de poder mundial está cambiando y que se ha cruzado un punto de no retorno y estamos todos embarcados rumbo a una colisión, las posturas ideológicas llevadas al extremo de la animosidad causan fracturas entre amigos e incluso familiares mientras la creciente extrema derecha aplaude la metástasis de fábulas ficticias fundadas en creencias fanáticas de supremacía y celebran la

proliferación de la rabia y el auge de división y subdivisión generado por gente convencida de que otra gente es indigna y no merece lo que ellos sí creen merecer, refugiados y migrantes abandonan sus hogares para terminar encontrándose en una situación de exclusión social y sirviendo de chivos expiatorios a agitadores de masas manipuladores y sin escrúpulos dispuestos a aprovechar el caos para inflamar las pasiones más oscuras en los rincones más tenebrosos y menos lúcidos del alma del mayor número posible de un electorado desencantado con unas instituciones de gobierno que solamente actúan en su interés propio en vez del interés de unos ciudadanos que no tienen voz ni voto, las promesas políticas se rompen sistemáticamente una y otra vez para beneficiar a una minoría en cuyas manos se concentra la mayoría de la riqueza del mundo, manifestantes toman las calles en un espectáculo desatendido con la intención de que se oiga su desilusión pero sus lamentos son ignorados y cualquier propuesta de cambio político es descartada con persistencia, las fechorías cometidas por el sector financiero quedan impúdicamente sin castigo mientras entidades que son demasiado grandes para caer son rescatadas o reciben un trato fiscal favorable a la vez que se centran en la actividad especulativa para producir provechosas primas para sus ejecutivos, la extensión de la corrupción parece no tener fin mientras los corruptos no parecen terminar rindiendo cuentas sin importar el tamaño de las cifras o de los titulares, el concepto de progreso se percibe como un simple cuento de hadas motivacional, nada parece justo y a todos parece irles mejor, la economía es una gigantesca estructura piramidal, la clase media se entiende como una noción del pasado que nunca volverá, las altas tasas de paro añaden más presión a las espaldas de tantos ya de por sí oprimidos, el empleo parece que se ha instalado en la precariedad toda vez que el subempleo y la insuficiencia salarial se han convertido en una norma normal y la percepción profesional general parece estar transitando de la aspiración a la conformidad, los trabajadores contribuyen a la productividad como nunca antes sin que les sea posible ahorrar ni conseguir solvencia pero continúan intentando llevar una vida digna obteniendo los medios que les permitan participar en el círculo vicioso del consumismo promocionado por una industria publicitaria que disemina toda clase de llamativa propaganda en toda forma y formato para persuadir a un público desinformado para que tome decisiones mientras el tiempo vuela y se acaba y el trabajo que realiza una mayoría no les llena porque sienten que con su labor no contribuyen a nada y viven día a día repitiendo una rutina que supuestamente debería infundirles seguridad y no hacerles sentir irrelevantes y vacíos, la creciente sensación de que el resultado de sus vidas no coincide con las expectativas iniciales persiste · y perdura mientras el contraste entre las aspiraciones personales y la realidad se amplia, y, así, la borrosa imagen de un caótico presente y la oscura visión de un futuro catastrófico magnifican el sentimiento de desesperación y desesperanza, induciendo a la mente a desoír y descartar todas las promesas previas de salud, riqueza, amor y felicidad.

En efecto, en todas partes hay rabia, y es entendible. El peligro reside en la posibilidad de que la atención de una mayoría rabiosa sea deliberadamente apartada de la verdadera fuente de frustración.

DATOS Y CIFRAS

En 2018, el informe *Naciones en Tránsito* registró por segundo año consecutivo una consolidación de regímenes autoritarios. 19 de los 29 países sufrieron un descenso en los índices democráticos, siendo la regresión más pronunciada en los 23 años de historia del proyecto.
Fuente: Freedom House.

A nivel mundial, el 52% de la población se siente insatisfecha con la manera en que la democracia funciona en su país. El 43% piensa que la vida es hoy mejor, el 38% cree lo contrario.
Fuente: Centro de Investigaciones Pew, 2017.

Solo 1 de cada 3 personas en países desarrollados siente que tiene cierta influencia sobre las decisiones de su gobierno.
Fuente: Organización para la Cooperación y el Desarrollo Económicos.

En comparación con los años previos a la crisis financiera, la participación electoral ha caído en los países desarrollados, en especial entre los jóvenes, los trabajadores precarios y los menos formados.
Fuente: Organización para la Cooperación y el Desarrollo Económicos.

Globalmente, cerca de 6 de cada 10 personas cree que su gobierno no hace mucho para combatir la corrupción en su país.
Fuente: Transparencia Internacional.

La inseguridad del mercado laboral de los países desarrollados ha aumentado un 33% desde 2007.
Fuente: Organización para la Cooperación y el Desarrollo Económicos.

Un estudio realizado en 40 países en vías de desarrollo muestra que una media del 42% de niños y 37% de niñas están expuestos a acoso.
Fuente: Organización Mundial de la Salud.

Entre 2016 y 2017, los ataques perpetrados por miembros de extrema derecha se cuadruplicaron en Estados Unidos, aumentando también un 43% en Europa durante el mismo periodo.
Fuente: Centro de Estudios Estratégicos e Internacionales (CSIS).

El mundo estuvo más estresado, preocupado, triste y dolorido en 2017 que en cualquier otro momento de la última década.
Fuente: GALLUP.

El enfado es más influyente en las redes sociales que cualquier otra emoción, y se propaga con mayor rapidez y más extensamente.
Fuente: Universidad de Pekín.

El 70% del comportamiento humano tiene un fundamento emocional, no racional.
Fuente: GALLUP.

LA ERA CORPORATIVA

"Las ideas predominantes de cada época han sido siempre
las ideas de su clase gobernante".
Karl Marx

Fundada en los principios del libre mercado, desregulación, privatización y recortes del gasto público, la ideología económica promovida y puesta en práctica por Ronald Reagan y Margaret Thatcher en Estados Unidos y Gran Bretaña a principios de los ochenta ha predominado y define la era en la que vivimos.

La realidad macroeconómica actual es una economía global diseñada para servir los intereses de corporaciones a las que se les ha otorgado el poder de transformar la economía y las reglas económicas, un sistema en el cual el capital se encuentra concentrado en las manos de unos pocos individuos y entidades que además de riqueza extrema tienen el poder y control sobre gobiernos y la sociedad, afectando directamente al procedimiento democrático y al sector público. El poder corporativo tiende a explotar cualquier método de soborno legal para influir en elecciones y gobiernos para así lograr la aprobación de leyes que, en esencia, se oponen a los intereses de una mayoría de sujetos económicamente más deficientes que quedan subyugados a la legislación corporativa.

El único incentivo corporativo es el rédito productivo, su única obligación es con sus accionistas, a quienes reducen su responsabilidad. Su plan y propósito único es la maximización del beneficio y la minimización de costes a costa de cualquier otra cosa y sobre todas las cosas. La legitimación y expansión de un sistema global diseñado para empoderar a la comunidad empresarial ha resultado en un crecimiento económico desequilibrado incuestionable e innegable a pesar del permanente esfuerzo corporativo por proyectar una imagen de responsabilidad para producir una percepción pública positiva.

Desde los albores de la Revolución Industrial, las empresas han conseguido extender gradualmente los límites de producción, incialmente a través del avance y desarrollo tecnológico. Hace unas décadas comenzó a tener lugar una expansión del proceso industrial y la fabricación se internacionalizó. Pero la raíz y razón de esta alteración llamada desarrollo de naciones poco desarrolladas se hallaba y se halla aún en la explotación de la desesperación de los pobres. Y cuando un país ha conseguido avanzar lo suficiente para que sus trabajadores se sientan en disposición de exigir mejores salarios y derechos, sucede un mismo patrón en el que las multinacionales acaban por trasladarse a otras regiones donde la población local no esté tan predispuesta a exigir derechos y justicia.

La implementación de tipos de interés bajos durante casi una década, recortes impositivos y la acumulación de beneficio empresarial subsecuente a la crisis financiera de 2008 y la recesión económica posterior dio como resultado un número imprecedente de fusiones y adquisiciones empresariales, con el consecuente incremento de la cuota de mercado para gigantescos oligopolios o duopolios que ahora controlan la oferta y demanda de productos y servicios, limitan la competencia y establecen los precios que el consumidor ha de pagar. Independientemente del sector o industria que se quiera escrutar, se puede encontrar una amplia variedad de ejemplos de una estructura de mercado en la cual un número selecto de compañías domina un área específica de negocio, como es el caso de los bancos, los seguros, los medios de comunicación, el entretenimiento, las líneas aéreas, el turismo, la informática, el gas, el petróleo, el aluminio, el acero, la automoción, los fármacos, los agroquímicos o la alimentación. Sin embargo, la creciente concentración de poder de mercado de gigantes corporativos no ha derivado en un incremento salarial sino todo lo contrario, las grandes empresas han aprovechado con ferocidad la más mínima oportunidad para socavar el poder sindical y debilitar la protección laboral.

El inconveniente de favorecer a entidades que priorizan el rédito sobre cualquier otra cosa va más allá del equilibrio desfavorable entre los costes y los beneficios sociales de una creciente disparidad socioeconómica, afectando no solo a trabajadores, consumidores y sociedades, también deja secuelas en el entorno natural, maltratado y amenazado de tal forma por una sobreexplotación insostenible de las materias primas y un exceso de polución de un planeta que está sufriendo tal cantidad de desastres ecológicos que, a corta distancia, empieza a aparecer un punto de no retorno tan inclemente como inevitable.

El resultado de más de tres décadas de políticas socioeconómicas basadas en la privatización de estructuras que afectan directamente a la sociedad y la desregulación de mercados industriales y financieros que aumenta el poder del poderoso sector privado y convierte a gobiernos en entidades económica y financieramente impotentes es, indudablemente, un aumento de la injusticia social y desigualdad económica en un mundo que nunca tuvo tanta riqueza. Y, mientras la opinión pública aún insiste en pensar en términos políticos de izquierda y derecha, las políticas del mundo real son decididas por un minúsculo pero todopoderoso uno por ciento que tiene reservado en exclusividad los derechos de progreso y prosperidad. En el momento en que unos pocos individuos ostentan el poder de influir directamente en las políticas gubernamentales, la justicia social y el bien común se ven comprometidos por lo que no es más que la erosion de los fundamentos en los que se basa cualquier nación democrática.

Con el poder de hacerse con el control de economías nacionales, las corporaciones se han convertido en regentes no oficiales. Son los reinos modernos, los estados sin fronteras que establecen las leyes por y para las que vivimos.

17

CIFRAS Y DATOS

En el mundo existen más de 40.000 corporaciones transnacionales.
Fuente: Global Justice Now.

De las 100 entidades económicas más ricas, 69 son corporaciones y 31 son gobiernos. Al ampliar el espectro a 200 entidades, las cifras son aún más extremas, con 153 corporaciones abarcando una mayoría incluso más amplia.
Fuente: Global Justice Now.

El beneficio de las 10 corporaciones más poderosas es mayor que el de los 180 países más pobres del mundo juntos.
Fuente: Global Justice Now.

En combinación, las 2.000 compañías más grandes lograron 39 billones de dólares en ventas, 190 billones en activos y 57 billones en capitalización de mercado en 2017. En comparación, el Producto Interior Bruto mundial ascendió a 80 billones ese año.
Fuente: Lista Forbes Global 2000.

De 2009 a 2015, las 50 compañías más grandes de Estados Unidos recibieron reducciones fiscales por más de 423.000 millones de dólares y gastaron más de 2.500 millones en grupos de presión para influir en el Congreso con el fin de aumentar aún más el beneficio.
Fuente: Oxfam Internacional.

Entre los años 2000 y 2018 se produjeron más de 790.000 fusiones y adquisiciones empresariales, cuyo valor total superó los 57 billones de dólares.
Fuente: Instituto de Fusiones, Adquisiciones y Alianzas.

A nivel mundial, la tasa impositiva a corporaciones se redujo de algo más de 40 puntos porcentuales en 1981 a un 21,4% en 2018.
Fuente: Organización para la Cooperación y el Desarrollo Económicos.

LA ERA DE LA DESIGUALDAD

"La riqueza está tan concentrada que un amplio segmento de la sociedad virtualmente desconoce su existencia".
Thomas Piketty

La historia nos ha enseñada que la avaricia es incuestionablemente un componente fundamental de la naturaleza humana, además de que toda tendencia codiciosa crece en proporción al aumento de poder o riqueza del individuo. En estos tiempos materialistas, no es el amor o virtud moral alguna ni el concepto abstracto del dinero lo que mueve el mundo: la avaricia, en cualquiera de sus formas, se ha vuelto omnipresente y la principal fuerza motriz de la motivación humana. La avaricia ha sido despenalizada, legitimada y a menudo descaradamente justificada, y es así como el concepto de integridad acaba corrompido y la corrupción termina por generalizarse en cada aspecto de la estructura social. Y, del mismo modo que la indiferencia legitima la injusticia, es la aceptación general del amaño de las reglas del juego económico lo que habilita la persistente continuación del ciclo.

Con más recursos que en ningún otro momento de la historia humana, el crecimiento económico moderno es extremadamente injusto y excluyente, el beneficio corporativo crece sustancial y rápidamente pero los salarios no siguen ese ritmo y la vida le niega a demasiada gente la oportunidad de disfrutar de los frutos del progreso, gente cuyo descompensado trabajo aporta riqueza a unos pocos privilegiados mientras ellos se ven atrapados en el límite del salario precario, estancados o más pobres, siempre a un paso de la miseria.

Durante la década que siguió a la crisis financiera que produjo el mayor trastorno socioeconómico de los últimos tiempos, las fortunas de los millonarios se agrandaron y el número de milmillonarios casi se duplicó. Ese mismo tiempo fue un tiempo de regresión para la clase obrera y la gente común, quienes sufrieron efectos tanto económicos como psicológicos. Desde el principio, la presión de la incertidumbre presidió y persistió para beneficio de quienes establecen las reglas económicas y las condiciones laborales. Aquellos que perdieron propiedades, inversiones o un trabajo se vieron forzados por las circunstancias a recoger sus propios pedazos, reavivarse y alentarse a sí mismos para empezar de nuevo. Quienes no perdieron pero fueron testigos de pérdidas ajenas comprendieron que la realidad económica se asentaba sobre terreno inestable, y un sentimiento recurrente que aún se siente es el temor creado por la imagen de un abismo cercano y profundo en forma de pérdida de seguridad y condición social. Para una mayoría, un modo de vida de cierta buena calidad se ha vuelto inalcanzable, la constante es salir del paso siempre con la presión de estar a una paga de la insolvencia.

Las industrias han traspasado fronteras para sacar provecho a menores costes laborales, y la implementación de nuevas tecnologías y procesos de automatización han alterado el sistema productivo con una consecuente reducción o limitación de las oportunidades de empleo, obligando a trabajadores capacitados descartados a buscar ocupaciones a tiempo parcial, de menor capacitación o de baja remuneración. De este modo, un subgrupo poblacional que llegó a tener grandes expectativas y una sobrada sensación de seguridad acabó en un estado de sobrecualificación, sometimiento y precariedad. En la misma situación de desaliento se encuentra un número cada vez mayor de personas que optaron por estudiar una carrera universitaria que ya no garantiza bienestar alguno al superar la oferta de cualificación a la demanda.

Es una era de precariedad para una mayoría que lucha por hacer frente al coste de la vida, que progresivamente aumenta al igual que aumentan los impuestos, mientras las grandes empresas y los dueños de las mayores fortunas reducen el poder económico de los gobiernos mediante la práctica común de la evasión fiscal y los beneficios comerciales e impositivos que reciben de esos mismos gobiernos. Ese provecho privado y corporativo tiene un efecto negativo en el sector público, que se resiente correspondientemente, y es la gente corriente la que sufre las consecuencias, especialmente los pobres y los más pobres.

El aumento de la disparidad económica y la congelación salarial son las características principales del círculo vicioso de la economía moderna, que seguirá inalterado o incontrolado mientras una élite acaudalada posea el poder de determinar las regulaciones y legislaciones que mejor sirvan a sus propios intereses en detrimento del bien público. En esta era de privatización de servicios y declive gubernamental es vital que la población proteja y defienda la prestación de servicios públicos básicos como la cobertura sanitaria y la educación. Es esencial que la gente tome conciencia de que tales servicios son un bien común que contribuye a reducir la diferencia entre ricos y pobres, y entre hombres y mujeres. Tales servicios han de ser entendidos como un derecho y no como un privilegio por cada integrante coherente y consciente de la sociedad.

No se necesitan cifras ni datos para comprender que, en el fondo, la desigualdad económica es un peligro para la cohesión social. Asombra cómo es común en tiempos de escasez que sean los que menos tengan quienes muestren cierto sentido de solidaridad, un acto que, al fin y al cabo, tiene su origen en la empatía, y este es un concepto que es irremediablemente incompatible con la avaricia, el oponente más hostil del bien común. Pero un sistema público de base solidaria no tiene que depender de la voluntad de la gente, debería estar garantizado por el Estado.

CIFRAS Y DATOS

Desde 1980, el incremento ganancial de los individuos que forman el 1% más rico del mundo ha crecido el doble que el de la mitad de la humanidad que cuenta con menos recursos. Fuente: Oxfam Internacional.

42 personas poseen ahora la misma riqueza que la mitad más pobre de la humanidad. Fuente: Credit Suisse.

La mitad más pobre del mundo vive con menos de 5,50 dólares al día. Fuente: Banco Mundial.

La riqueza de los milmillonarios creció una media del 13% desde 2010, seis veces más que el salario de los trabajadores ordinarios, cuyo aumento fue de un 2%. Fuente: Oxfam Internacional.

En 2017 se produjo el mayor aumento histórico en el número de milmillonarios, con uno más cada dos días. Los milmillonarios vieron su riqueza incrementada en 762.000 millones de dólares, una cifra 7 veces mayor que lo que costaría acabar con la pobreza mundial extrema. Fuente: Oxfam Internacional.

El 82% de toda la riqueza creada en 2017 fue a parar al 1% más rico, mientras el 50% con menos recursos no obtuvo incremento alguno. Fuente: Oxfam Internacional.

4.000 millones de personas en todo el mundo subsisten sin protección social. Fuente: Organización Mundial del Trabajo.

En 2017, la contribución a la recaudación de impuestos de las corporaciones estadounidenses fue del 9%, mientras que los individuos aportaron el 48%. Fuente: Instituto de Estudios de Política.

Al menos el 10% del PIB mundial está depositado en bancos extraterritoriales. Fuente: Oficina Nacional de Investigación Económica de los Estados Unidos.

Se estima que, mundialmente, entre 21 y 32 billones de dólares de riqueza financiera privada se encuentra depositada en jurisdicciones con secreto bancario. Fuente: Tax Justice Network.

Las 50 empresas más grandes de Estados Unidos acumulan más de 1,6 billones de dólares en cuentas extraterritoriales.
Fuente: Oxfam Internacional.

En 2017, el total de bonificaciones en Wall Street volvió a los niveles anteriores a la crisis, alcanzando un promedio de 184.220 dólares, el más alto desde el año 2006.
Fuente: New York State Comptroller.

Globalmente, más de 1.300 millones de personas carecen de acceso a electricidad.
Fuente: IEA, 2012.

El 79% de los suicidios a nivel mundial se produce en países de ingresos bajos y medianos.
Fuente: Organización Mundial de la Salud.

En 2018, el número de personas empleadas superó los 3.300 millones. La tasa de paro mundial fue del 5,38%.
Fuente: Banco Mundial.

Únicamente el 21,8% de los parados reciben cobertura de desempleo mundialmente. 152 millones de desempleados no cuentan con subsidio alguno.
Fuente: Organización Mundial del Trabajo.

24,9 millones de personas trabajan bajo condiciones de esclavitud moderna.
Fuente: Global Slavery Index

En 2016, 152 millones de menores entre 5 y 17 años formaron parte del mercado laboral, 73 millones realizando actividades peligrosas.
Fuente: Organización Mundial del Trabajo.

En 2017, cerca del 42% de los trabajadores (1.400 millones) a nivel mundial se encontraban en una situación de empleo vulnerable.
Fuente: Organización Mundial del Trabajo.

Los jóvenes tienen menos posibilidades de lograr un empleo, con una tasa media de paro juvenil aproximada del 13%, tres veces superior al 4,3% de adultos desempleados.
Fuente: Organización Mundial del Trabajo.

En más de 100 países las libertades civiles se encuentran amenazadas.
Fuente: Oxfam Internacional.

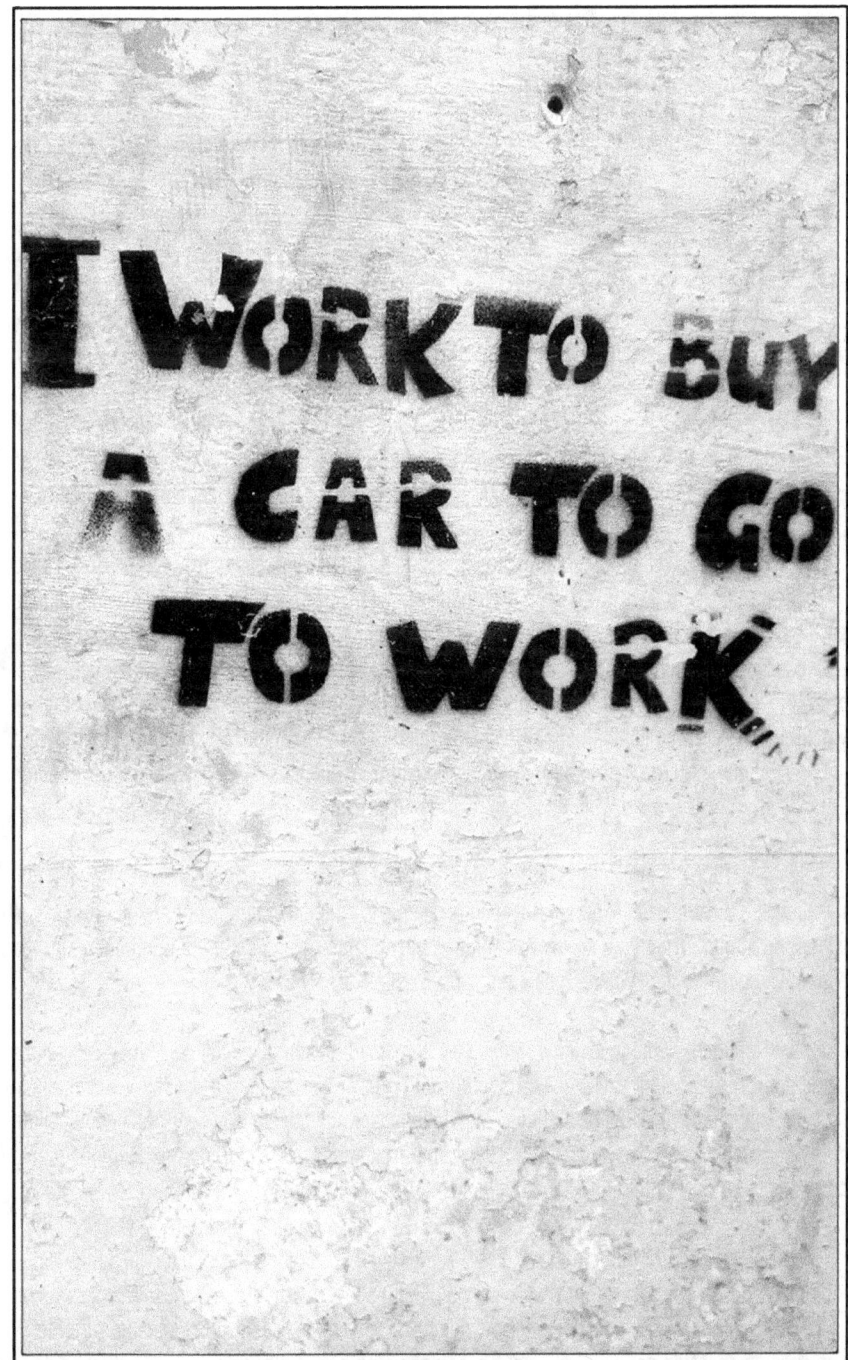

LA ERA DEL CONSUMISMO

"La producción de demasiadas cosas útiles
deriva en la creación de demasiadas personas inútiles".
Karl Marx

En las materiales y consumistas sociedades contemporáneas los sujetos están inmersos en un dispendio ocioso y mundano, igual de exagerada es la obsesión por una satisfacción material que la búsqueda del placer a través de la compra, los productos son sobrevalorados y las marcas idealizadas, el sentido de estatus se percibe adquirible a través de la propiedad y la posesión, y todo ello se intuye como un inagotable e irrealizable empeño en alcanzar algún tipo de felicidad imaginada y un esfuerzo infructuoso por llenar algún vacío profundo.

El consumo es el motor económico del capitalismo moderno, un sistema que en su modelo actual promueve la atracción compulsiva hacia el consumismo y la autoindulgencia para mantener y perpetuar el ciclo de oferta y demanda de productos innecesarios pero deseados por inducción. El progreso económico depende un continuo crecimiento del consumo masivo, por lo que el consumismo es alentado activamente por gobiernos, industria y los medios de comunicación en cada rincón del mundo. El orden socioeconómico estimula a los individuos a cruzar el límite de las necesidades básicas, y la gente es persuadida permanentemente a participar en el proceso de dispendio.

Un devastador vendaval de gasto azota a una mayoría que vive paga a paga cada vez que un nuevo mes empieza. A las facturas que siempre llegan inoportunamente puntuales les siguen de inmediato gastos en gratificaciones personales y raro es el día que acaba sin que algo haya costado algo, y cada mes concluye en escasez.

Para algunos, la adquisición material es interpretada como la única manera de subir peldaños de la escalonada jerarquía social que mide el éxito según ingresos y posesiones. Incluso ahogados en deudas, algunos, impulsados por un frívolo ejercicio de comparación social promovido por una sociedad perversamente competitiva, sienten la extrema urgencia de transmitir una imagen de afluencia alcanzada.

A pesar de que la excitación sentida en el momento de una compra nunca dura más de un instante y pese al hecho de que cada consumidor experimentado conoce esa verdad, todos terminan inconscientemente cayendo de nuevo en la trampa de la compensación material, una recaída repetida con idéntico resultado, y el ejemplo más claro del triunfo moderno de la emoción sobre la razón.

Pero el riesgo y el daño del consumismo trasciende el presupuesto y la psique. La industria alimentaria convierte sus productos en más apetecibles y menos saludables, haciendo uso de la ciencia para diseñar alimentos irresistibles a través de la combinación de cantidades específicas de sal, azúcar, grasa y aditivos químicos, reemplazando la naturaleza por una síntesis de creación humana. Mientras, la magnitud del desperdicio y desecho de alimentos retrata un mundo de contrastes, con escasez y hambre en un lado, demasía y desaprovechamiento en el otro. Cierta descomposición emana de la consideración del impacto que el despilfarro de alimentos tiene sobre el clima, el agua, la tierra y la biodiversidad, pero la impresión verdaderamente exasperante se forma cuando se tiene en cuenta el hecho de que todo ello es prevenible.

Al realizar un riguroso ejercicio de reflexión sobre el exceso de nuestro moderno modo de vida, un sistema económico basado en el crecimiento ilimitado y el hecho de que una creciente demanda de recursos irremediablemente acabará por exceder la capacidad productiva de un planeta finito y superpoblado, uno pronto llega a la conclusión de que más temprano que tarde se producirá un catastrófico punto de ruptura. La continuidad se presenta imposible puesto que el acelerado y disonante ritmo de nuestras acciones y actividades es indiscutiblemente insostenible a no tan largo plazo.

Los consumidores, como principal fuerza motriz de la economía, tienen el poder de elección, por tanto, el poder de penalizar a toda aquella empresa que anteponga el beneficio económico al bienestar de la gente y el equilibrio medioambiental. Depende del consumidor escoger consumir y gastar consciente y concienzudamente. El boicot a productos y servicios de empresas irresponsables, injustas y evasivas que merman los derechos humanos o de los animales y profanan el santuario natural es la única acción que puede forzar a esas empresas a renegociar y rehacer sus términos, transformar su sentido de prioridad y sus principios de producción.

Los consumidores pueden y deben convertirse en el factor decisivo del cambio, basta con una implicación consciente colectiva que desencadene acciones individuales a escala masiva.

DATOS Y CIFRAS

El 62% de los consumidores realiza una compra para obtener una recompensa psicológica, en otras palabras, para reconfortar su ánimo.
Fuente: TNS Global.

Las mujeres concentran el 85% del gasto en consumo.
Fuente: Yankelovich, Inc.

En 2018, aproximadamente 1.800 millones de personas en todo el mundo realizaron compras en Internet. El total de ventas superó los 2,8 billones de dólares.
Fuente: Statistia.

El número de tarjetas de crédito o débito superó los 14.000 millones en 2016. Las tarjetas de débito son las más comunes, con un 71% del total mundial.
Fuente: Global Payment Cards Data and Forecasts to 2022.

El gasto en consumo representa el 56% del Producto Interior Bruto de la Unión Europea.
Fuente: europa.eu.

Los casi 4.500 millones de personas con ingresos bajos en países emergentes realizan un gasto conjunto de más de 5 billones de dólares al año.
Fuente: Banco Mundial.

En el ámbito internacional se produjeron 25 millones de llegadas de turistas en 1950. 66 años más tarde el total ascendió a 1.200 millones, un incremento 49 veces superior.
Fuente: Organización Mundial del Turismo.

La humanidad usó aproximadamente 90.000 millones de toneladas de recursos en 2017. Más del 50% fue dispersado o emitido en forma de residuos, y únicamente un 10% fue reciclado.
Fuente: ONU Medio Ambiente.

Los residuos electrónicos en 2018 superaron los 50 millones de toneladas, un incremento cercano al 50% en menos de una década. Hasta un 90% de esos residuos son desechados de manera ilegal.
Fuente: ONU Medio Ambiente.

Los residuos plásticos y otros desechos sólidos generados por la humanidad cada día superan los 3,5 millones de toneladas, una cantidad 10 veces mayor que hace un siglo.
Fuente: Banco Mundial.

Desde los años 60, la demanda global de plástico de uso único se ha multiplicado por 20.
Fuente: Morgan Stanley.

Cada año, más de 1.300 millones de toneladas de comida acaban en la basura.
Fuente: Organización de las Naciones Unidas para la Alimentación y la Agricultura.

1/3 de todos los alimentos producidos para el consumo humano se pierde o se desecha.
Fuente: Organización de las Naciones Unidas para la Alimentación y la Agricultura.

El 56% de los residuos alimentarios se genera en los países más desarrollados.
Fuente: ONU Medio Ambiente.

En proporción, los residuos alimentarios globales emiten más gases de efecto invernadero que cualquier país del mundo a excepción de China y Estados Unidos.
Fuente: Organización de las Naciones Unidas para la Alimentación y la Agricultura.

El mercado del desecho de alimentos está valorado en 410.000 millones de dólares.
Fuente: ONU Medio Ambiente.

Para el año 2050, la producción agrícola deberá aumentar un 60% a nivel mundial. En los países emergentes deberá incrementarse hasta un 100%.
Fuente: Alexandratos y Bruinsma, 2012.

LA ERA DE LA PROPAGANDA

"La publicidad es mentira legalizada".
Herbert George Wells

En el capitalismo moderno, un elemento crucial tiene una predominancia absoluta y afecta y altera la naturaleza de los mercados, ese elemento es una predominante y persuasiva propaganda. Bajo los principios formulados por la psicología de masas, el análisis y las estrategias de mercado se han centrado en aumentar los ciclos de producción de bienes mediante la alteración del concepto de necesidad a través de técnicas de seducción y manipulación, subliminales o no tanto, destinadas a aprovechar la naturaleza emocional de la condición humana para prevenir una toma de decisiones racionales por parte de los consumidores.

Un producto ya no tiene que demostrar su valor a través de su utilidad, eficiencia o durabilidad, porque ya no hace falta. En esta era de la información es más importante la presencia en tantos decorados de las escenas de la vida diaria como sea posible para conquistar las mentes de los consumidores mediante un proceso redundante asistido por refinados métodos de persuasión que obstaculicen el razonamiento e inciten la emoción con el objetivo de convencer a los individuos que un producto innecesario es en realidad un bien necesario y enriquecedor. La productividad y la rentabilidad se establecen en la creación de la compulsion a través de la inducción al ofrecer recompensas psicológicas por medio de campañas ilusorias que prometen que la felicidad está al alcance de uno, que está disponible y a la venta, y que lleva una etiqueta con un precio. Y, así, convencidos, nos lanzamos a la búsqueda de la satisfacción a corto plazo del centro de recompensa que esconde nuestro cerebro para tratar de calmar nuestro voraz apetito de júbilo y gozo.

Reiterativos e insistentes, los mensajes que prometen satisfacción y transmiten un ideal imaginario asociado a algún producto dirigidos a la necesidad humana más profunda parecen aparecer en todas partes todo el tiempo, son ya una parte inescapable del paisaje social y urbano moderno, pueden encontrarse en los programas de radio y televisión, saturan el mundo virtual de Internet, cubren vallas y paredes y están sutilmente presentes en las escenas del entretenimiento para entrelazarse con las emociones creadas.

Extremadamente lucrativa, la industria de la mercadotecnia emplea a los mejores y más brillantes especialistas de la psicología que estudian la motivación humana y los procesos mentales de la gente para desarrollar técnicas y tácticas diseñadas para sortear la consciencia del consumidor, tentarle a gastar más y lograr que se sienta excitado y especial a través del acto consumista.

Pero los mercadólogos no solamente crean primero y explotan después los deseos de la gente, también sacan provecho de las emociones empleando estrategias de concienciación de marca con el propósito de establecer un vínculo de confianza y así lograr la fidelidad del consumidor. De este modo, al crear una conexión emocional, un producto o una marca particular produce un sentimiento de aprecio y apego en la mente del comprador persuadido, que acaba identificándose con lo que únicamente es un instrumento de generación de beneficio ajeno, pero el valor se convierte en personal.

Usando métodos intrusivos de acumulación de información acerca de la ubicación, edad, género, preferencias personales y hábitos de los usuarios, las plataformas sociales de Internet generan prácticamente todos sus beneficios mediante el emplazamiento de espacio publicitario para anunciantes que crean campañas y estrategias de persuasión dirigidas con absoluta precisión a perfiles de consumo específicos. Una metodología sofisticada y efectiva que permite a los anunciantes seleccionar la audiencia que mejor les convenga, una audiencia que navega en la inconsciencia sin percibir que su vulnerabilidad emocional está siendo comercialmente explotada.

Probablemente la estrategia publicitaria más inmoral y perversa de este tiempo es la que se centra en la explotación comercial de los niños, a los que van dirigidos intensas y agresivas campañas promocionales para implicarles directamente en el proceso consumista, o indirectamente, al forzar con el ruego la participación paterna. Esa sobreexposición a la propaganda comercial se fundamenta en la evidencia analítica de que la población infantil es la más vulnerable a la manipulación, lo que convierte a los niños en las víctimas preferidas de una industria sin escrúpulos.

En conclusión, lo que verdaderamente promocionan las campañas de propaganda es el consumismo irracional de las sociedades, sus esfuerzos están centrados en prevenir que el consumidor considere la posibilidad de que podría vivir perfectamente bien sin cualquiera de los caprichos fabricados por una publicidad omnipresente y persistente.

DATOS Y CIFRAS

Google y Facebook son las compañías publicitarias más grandes por cuota de mercado, acaparando aproximadamente el 60% de la inversión en publicidad digital en el año 2018.
Fuente: eMarketer.

El 99% del beneficio obtenido por Facebook en 2018 provino de la publicidad.
Fuente: Facebook.

Hay 7 millones de anunciantes en Facebook.
Fuente: Facebook.

El gasto global en publicidad llegó a un máximo histórico de 579.000 millones de dólares en 2018.
Fuente: Zenith Optimedia.

La inversión en publicidad ha mantenido un 0,7% proporcional al Producto Interior Bruto mundial desde el año 2011.
Fuente: WARC.

El registro de datos con fines comerciales es una industria valorada en 300.000 millones de dólares que emplea 3 millones de personas en Estados Unidos.
Fuente: McKinsey Global Institute.

9 de cada 10 compañías farmacéuticas, la industria más rentable del mundo, gastan más en márketing que en investigación y desarrollo.
Fuente: Global Justice Now.

La exposición diaria a alguna marca comercial de una persona que viven en una ciudad ha pasado de 2.000 hace treinta años a hasta 5.000 en la actualidad.
Fuente: Yankelovich, Inc.

LA ERA DEL ENDEUDAMIENTO

"Un hombre endeudado
no es más que un esclavo".
Ralph Waldo Emerson

Hace no mucho, la deuda no era bien recibida en la mayoría de los hogares, una clase socioeconómica fuerte en el medio progresaba, las hipotecas no suponían una carga de gasto de por vida, una titulación universitaria estaba relacionada con la prosperidad en percepción y en práctica, y las tarjetas de crédito estaban reservadas para una selecta minoría. Con la transformación económica del mundo desarrollado de la producción a las finanzas, los bancos intensificaron y aceleraron la espiral especulativa, y la deuda comenzó a crecer de manera frenética, extendiéndose por todas las áreas y espectros de las sociedades del mundo.

La crisis financiera global causada en parte por la proliferación de las denominadas hipotecas basura concedidas sin cuestionar garantía fue seguida por años de austeridad e incentivación financiera con tentadores tipos de interés, lo que repercutió en un creciente nivel de endeudamiento corporativo y gubernamental.

A pesar de que el nivel de ingresos de la mayoría de la población de países desarrollados se mantuvo estancado, el nivel de gasto continuó creciendo gradualmente. Las entidades financieras redujeron el límite de crédito, pero muchos individuos insistieron en la pretensión de mantener un modo de vida insostenible mediante la expansión del endeudamiento a más áreas. La deuda media hipotecaria se redujo puntualmente, pero los niveles de deuda estudiantil y deuda de tarjetas de crédito así como los prestamos para adquisiciones de automóviles aumentaron progresivamente.

El problema comienza cuando la economía empieza una tendencia descendente y los tipos de interés suben, aumentando el coste del pago de la deuda. Los altibajos son una característica intrínseca del mercado económico especulativo moderno, y cada incremento en el endeudamiento es un paso más hacia el colapso. La llegada de una recesión no es cuestionable, la cuestión es cuándo ocurrirá. En una realidad económica de ciclos de expansión y contracción, la única opción sostenible y prudente es el ahorro, pero ese concepto de comedimiento hace ya tiempo que no es costumbre ni común, ha ido perdiendo consistencia y correlación con una cultura consumista ampliamente implantada en el ideal de una mayoría para quienes el propósito de la vida es vivir por encima de medios y razón.

CIFRAS Y DATOS

De media, la deuda mundial es superior a 86.000 dólares por habitante, lo que supone más de 2½ veces el total de ingresos per cápita.
Fuente: Fondo Monetario Internacional.

Las tres naciones más endeudados del mundo (Estados Unidos, China y Japón) concentran más de la mitad de la deuda global.
Fuente: Fondo Monetario Internacional

A escala mundial, la deuda del sector privado se ha triplicado desde 1950, lo que convierte a ese sector en la principal fuerza impulsora del endeudamiento global.
Fuente: Fondo Monetario Internacional.

Los países en vías de desarrollo han hecho un desembolso superior a 4,2 billones de dólares en pago de intereses desde 1980.
Fuente: Global Financial Integrity.

En Estados Unidos, 7 de cada 10 estudiantes de licenciatura finalizaron su titulación endeudados.
Fuente: TICAS.

Casi un 40% de "millennials" se endeudaron para seguir el ritmo de vida de amigos.
Fuente: Credit Karma y Qualtrics.

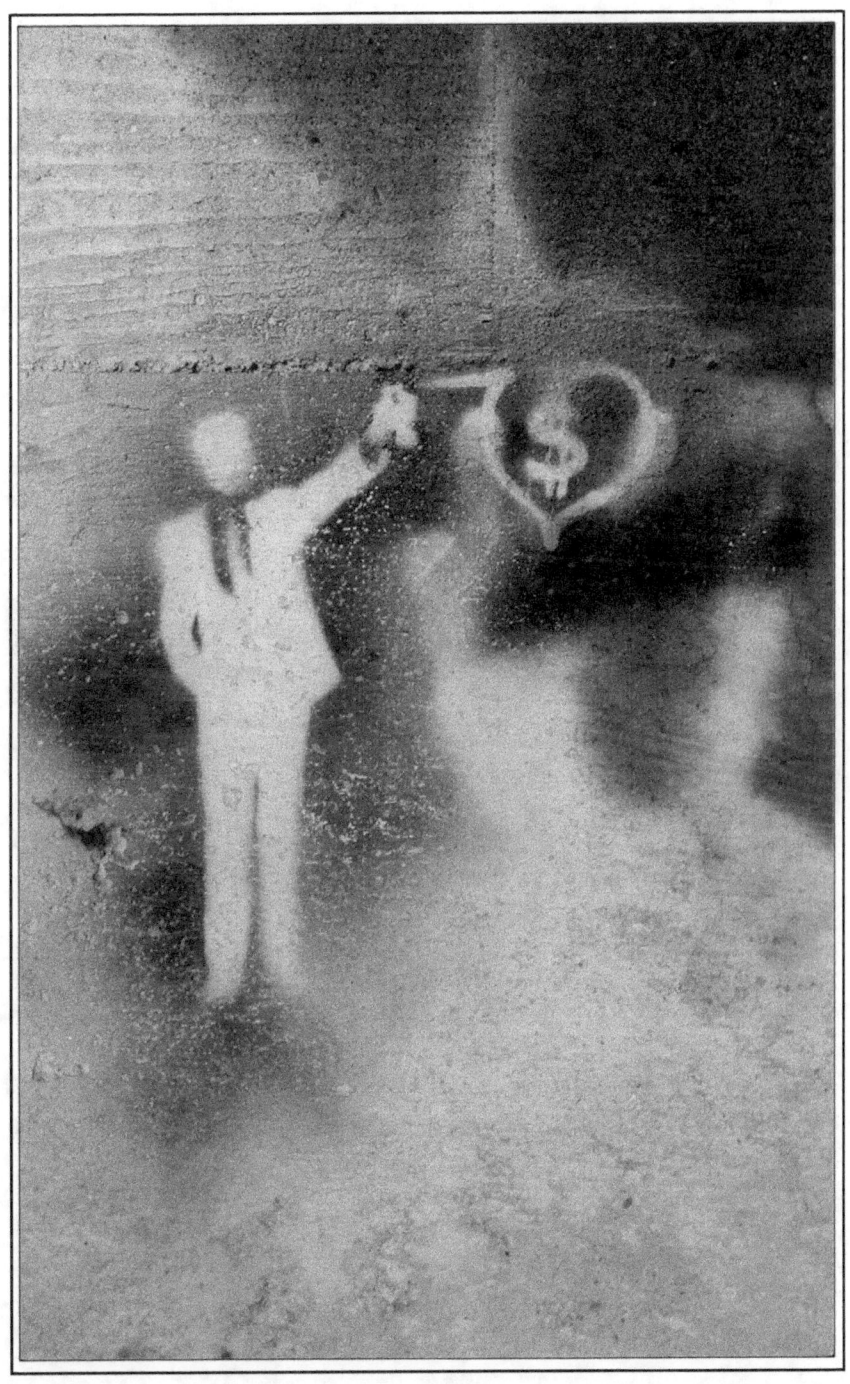

LA ERA DEL INDIVIDUALISMO

"El individualismo o alejamiento subjetivo de la sociedad
es tan absurdo como el suicidio".
León Tolstói

Crecientes con los nuevos tiempos, las prácticas y valores individualistas se han convertido en un fenómeno global en esta era contemporánea altamente competitiva en la cual a los individuos les mueve y motiva el interés propio. Las sociedades han sufrido una escalada de narcisismo estimulada por el creciente sentimiento de singularidad y autosuficiencia de los individuos de una época humana en la cual la propagación del deseo de autonomía e independencia ha dado como resultado un incremento en el número de divorcios y en la proporción de personas que viven solas.

En una era de fragmentación de la unidad familiar, en la cual millones de niños son víctimas de la ausencia paterna y madres solteras tienen que sobreesforzarse para salir adelante sin caer en la pobreza y el quebrantamiento de uno de los pilares fundamentales de la estructura social criando a sus hijos por sí mismas, la función parental se ha convertido en una tarea más decisiva que nunca. A la larga, esa función acaba por determinar la solidez emocional y la conducta de una generación de futuros adultos que establecerán los valores de las sociedades venideras.

El auge del egocentrismo y la autoadoración en el mundo desarrollado ha coincidido con el declive de la religión, una tendencia que se puede entender como una consecuencia del moralismo de un sistema de creencias que se centra en el predominio del bien común sobre la necesidad y caprichosidad individual, y las doctrinas que puedan provocar sentimientos de culpa suelen ser recibidas con rechazo por todo individuo ególatra y autoindulgente.

Por encima de todo, la conformidad de una sociedad depende del énfasis que sus miembros pongan en la interdependencia y la interrelación social, es una responsabilidad colectiva contraria a los valores de las culturas individualistas que promueven la autosuficiencia de unos individuos que dan prioridad a alcanzar su propio sentimiento de felicidad y escogen la indiferencia hacia lo ajeno sin tener en consideración que sus decisiones, acciones o inacciones pueden tener algún impacto en los demás.

CIFRAS Y DATOS

El individualismo ha aumentado un 12% a nivel mundial desde 1960.
Fuente: Association for Psychological Science (APS).

El incremento del desarrollo socioeconómico es un importante indicador del aumento de valores y prácticas individualistas de un país a lo largo del tiempo.
Fuente: Association for Psychological Science (APS).

El número de divorcios se ha cuadruplicado en las últimas 4 décadas.
Fuente: Social Forces.

Los hogares que sufren la ausencia de la figura paterna tienen un riesgo de pobreza 4 veces mayor.
Fuente: Oficina del Censo de los Estados Unidos.

LA ERA DE LA ADOCTRINACIÓN

"La actividad más importante
que un ser humano puede lograr
es aprender para entender,
porque entender es ser libre".
Baruch Spinoza

En la cultura humana moderna, los individuos son inducidos a un estado de simpleza mental desde que alcanzan la edad de la razón. El aleccionamiento más tempranero tiene como objetivo transformar a seres auténticamente libres en criaturas obedientes y sumisas al que sigue una adoctrinación gradual para moldear en las mentes el desapercibimiento, el pragmatismo vocacional, el consumo irracional y el materialismo mundano, todo ello contrapuesto a los valores de ética o empatía y a la idea de vivir una vida bajo los más altos principios morales.

Los métodos de enseñanza modernos instituyen una educación enfocada hacia carreras profesionales cada vez menos exigente sin incentivar el pensamiento independiente o crítico. Los estudiantes son entrenados para seguir unas reglas preestablecidas y aprobar pruebas, no para aprender, entender y cuestionar cosas, es un sistema de intolerancia que dificulta el autodescubrimiento y deniega al alumno la oportunidad de examinar libremente la verdadera naturaleza de lo que es considerado verdad y cuestionar las normas aceptadas y el orden establecido o crear atrevidos pensamientos por sí mismos.

A los estudiantes no se les anima a explorar los confines de la creatividad humana, son convertidos en dóciles y obedientes subordinados a expensas de su propia aptitud, capacidad y vocación, son transformados en individuos poco creativos y menos originales a los que despojan de oportunidades para innovar. Desorientados sistemáticamente, desatienden y desaprovechan sus talentos naturales y acaban por escojer el abandono del desarrollo vocacional, autolimitando el aprovechamiento de su propio potencial. Y así, lo que se espera de ellos se convierte en los que ellos esperan de sí mismos.

Con el estímulo competitivo y la aplicación de desmotivantes sistemas de calificación, a los estudiantes se les alienta a contribuir al sistema económico, no a la sociedad. Ahora, más que nunca, vale la pena recordar que la curiosidad y la creatividad son una parte intrínseca de la naturaleza humana, que un proceso de aprendizaje verdaderamente constructivo requiere de pensamiento crítico, debate y discrepancia, y que la edificación de un conjunto de valores de virtud y moralidad es la base más solida para construir una sociedad justa.

El 43% de estudiantes tiene la opción de asistir en sus instituciones educativas a clases sobre cómo empezar y llevar un negocio.
Fuente: GALLUP.

Cerca del 56% de los jóvenes de 15 años en países desarrollados tienen una cuenta bancaria. El 19% posee una tarjeta de débito.
Fuente: Organización para la Cooperación y el Desarrollo Económicos.

Más de la mitad de los estudiantes sienten una gran ansiedad, incluso estando bien preparados para una prueba.
Fuente: Organización para la Cooperación y el Desarrollo Económicos PISA.

El 20% de estudiantes considera haber recibido un trato injusto por parte del profesorado en varias ocasiones al mes.
Fuente: Organización para la Cooperación y el Desarrollo Económicos PISA.

El número global de estudiantes de educación superior aumentó de 160 millones en 2008 a cerca de 200 millones en 2015.
Fuente: Universidad Yale.

China, con 40 millones de estudiantes y 1 de cada 5 alumnos universitarios, tiene la mayor población estudiantil del mundo.
Fuente: China Daily.

En 40 países, más de la mitad de ellos miembros de la OCDE, las universidades públicas no cobran matricula.
Fuente: Universidad Yale.

Singapur, Corea del Sur, Hong Kong, Taiwán y Japón aparecen repetidamente en la clasificación de los 5 países con mejores resultados en matemáticas y ciencia.
Fuente: Organización para la Cooperación y el Desarrollo Económicos PISA.

Los estudiantes que comparten tiempo conversando con sus padres obtienen mejores resultados académicos y sienten un mayor grado de satisfacción vital.
Fuente: Organización para la Cooperación y el Desarrollo Económicos PISA.

LA ERA DE LA SUPERFICIALIDAD

"Llega un momento en el que te miras al espejo y te das cuenta
De que lo que ves es todo lo que llegarás a ser.
Y entonces lo aceptas. O te matas.
O dejas de mirarte en espejos".
Tennessee Williams

Parece que vivimos en una era de narcisismo colectivo, prolífica en egocéntricos seres que tienden a sentir que son el centro de algún mundo, practicantes dedicados de ejercicios de autoadmiración, ensimismamiento y autoagrandecimiento, ansiando adictivamente algún reconocimiento que alimente su autoestima, nutra su identidad propia y expanda su imagen personal, autoengañándose obstinadamente con fantasías de magnificencia y conversaciones internas que repiten palabras de reafirmación que afiancen en la mente la convicción firme de no ser individuos comunes con vidas ordinarias sino héroes de alguna historia desconocida que merce ser contada.

La industria cosmética, la industria de la moda y celebridades comercialmente promiscuas establecen los estándares de belleza, la búsqueda de la superfluidad y la noción de que la perfección está al alcance de cualquiera. Crean y expanden mercados explotando la inseguridad, la vanidad y la coquetería, incluso la masculina.

Las sociedades tecnológicas han visto la aparición del influenciador, un espécimen nuevo que se desenvuelve con soltura en el entramado escénica de Internet en la forma de una versión actualizada del pastor bíblico con estatus divino y el poder de influir en actitudes sociales y normas culturales, guiando a sus dóciles ovejas a suscribir y compartir.

No somos más que simples participantes temporales del proceso de ensayo y error de la vida y, a pesar de nuestro vano esfuerzo para externalizar nuestra valía personal y nuestro afán por lograr admiración en algún intento de compensar algún sentimiento de frustración arrastrado desde la niñez, en el fondo todos coincidimos en compartir una completa carencia de relevancia. En un instante nacemos y un instante después ya no existimos, quizás seamos recordados algún instante más, pero la certeza más cruelmente aleccionante que rara vez tenemos en consideración es que, estemos o no, el mundo seguirá girando imperturbado, por lo que tal vez sería mejor no perder el tiempo en centrarnos en las apariencias y abandonar los confines de la influencia externa.

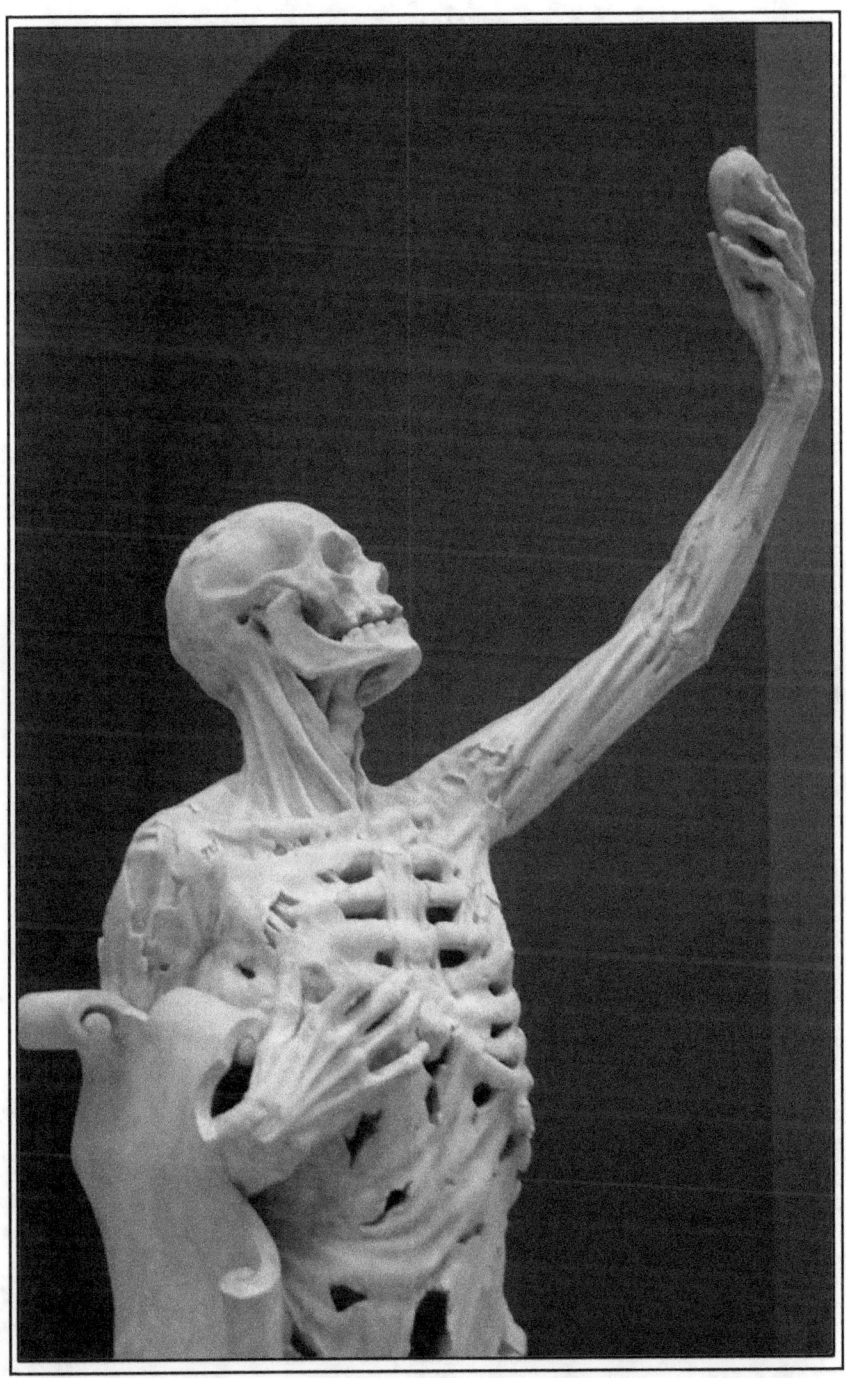

CIFRAS Y DATOS

El 49% de la gente se basa en la recomendación de algún influenciador al realizar una compra.
Fuente: Annalect y Twitter.

En 2016, el márketing de influenciadores superó al marketing impreso.
Fuente: Google Trends.

El 85% de mujeres y el 79% de niñas renuncia a importantes actividades vitales o sociales cuando no se sienten satisfechas con su aspecto.
Fuente: Informe Dove Global Beauty and Confidence.

Un 69% de mujeres y un 65% de niñas menciona como una de las principales fuentes de ansiedad la creciente presión de la publicidad y los medios para alcanzar un estándar de belleza irrealista.
Fuente: Informe Dove Global Beauty and Confidence.

El mercado de belleza y cuidado personal estuvo valorado en 465.000 millones do dólares en 2017.
Fuente: Euromonitor International.

El valor estimado de la industria de ropa supera los 1,3 billones de dólares. La producción de prendas prácticamente se duplicó durante los primeros 15 años del siglo XXI, superando ya 100.000 millones de unidades al año.
Fuente: Fundación Ellen MacArthur.

Globalmente, los consumidores desechan prendas que podrían seguir usando por un valor de 460.000 millones de dólares. Algunas prendas se descartan despúes de 7 a 10 usos.
Fuente: Fundación Ellen MacArthur.

Durante el año 2017, el aumento de pecho fue el tratamientos estético más popular, con un total de 1.677.320 intervenciones, seguido de 1.573.680 liposucciones.
Fuente: Sociedad Internacional de Cirugía Plástica Estética (ISAPS).

En 2017 las mujeres se sometieron a 20.207.190 tratamientos estéticos (el 86,4% del total).
Fuente: Sociedad Internacional de Cirugía Plástica Estética (ISAPS).

LA ERA DEL ENTRETENIMIENTO

"La televisión es un medio de entretenimiento
que permite a millones de personas
escuchar la misma broma al mismo tiempo
y aun así permanecer solitarias".
T.S. Eliot

En una era de ociosidad y fácil acceso a numerosas formas de entretenimiento, la rutina del día suele consistir en despertar y pasar el tiempo en una constante prisa, una carrera contra el tiempo en un esfuerzo de arañar tiempo para perderlo en espectáculos, actuaciones y diversiones para el esparcimiento de los sentidos.

El escenario contemporáneo representa la decadencia del arte y su transformación en una lucrativa industria, una que patrocina productos comercialmente viables en detrimento del valor artístico y la originalidad. Un modelo de negocio exclusivamente basado en la mercantilización que continuamente explota la repetición y el plagio.

La rápida expansión de Internet fue un factor clave en el cambio de modelo de distribución y beneficio de la industria del entretenimiento. Los canales digitales permitieron ofrecer a una audiencia global toda clase de contenidos fácilmente accesibles y siempre disponibles para quienes sintieran la necesidad de satisfacer sus deseos de distraer su atención y estimular sus sensaciones a través de una amplia variedad de elementos redundantes y derivados.

Omnipresente en la vida de todos, la corporativización del entretenimiento hasta el extremo más alejado de la creatividad y la singularidad persigue el único objetivo de capitalizar el mercado ilimitado de las emociones humanas. Como todo instrumento concebido para tocar la mente de la gente, su uso implica responsabilidades y riesgos, su poder reside en la capacidad de influencia en el comportamiento y el criterio de la audiencia. El resultado de su aplicación puede acabar siendo positivo o negativo: la representación de violencia puede producir desagrado o inducir a la indiferencia, la transmisión de diversidad cultural puede abrir las mentes diferentes o propagar estereotipos, una idea puede ser recibida con rechazo popular o ser transformada en una doctrina.

CIFRAS Y DATOS

El mercado del entretenimiento cinematográfico global relativo a cines y hogares generó 96.800 millones de dólares en 2018, un incremento del 9% con respecto al año anterior.
Fuente: Asociación Cinematográfica de América (MPAA).

En Estados Unidos, el adulto medio pasa más de 11 horas al día mirando, leyendo o escuchando algún medio de difusión.
Fuente: Nielsen.

Facebook genera una media de 8.000 millones de visualizaciones de vídeo al día.
Fuente: Social Media Today.

La visualización de vídeos en dispositivos móviles aumenta en un 100% cada año.
Fuente: YouTube.

Globalmente, los espectadores de eventos deportivos generaron un mercado valorado en 265.000 millones de dólares en 2017. En Europa Occidental la cifra se aproxima a 87.400 millones, un tercio del total.
Fuente: Reportlinker

Con un valor estimado de 19.100 millones de dólares, el mercado global de grabación musical creció un 9,7% en 2018. A pesar de ser el cuarto año con incremento consecutivo, el total annual supuso menos de las tres cuartas partes del pico máximo logrado en 1999.
Fuente: IFPI's Global Music Report 2018.

A finales de 2018, aproximadamente 255 millones de usuarios tenían cuentas de suscripción musical de pago a nivel global.
Fuente: IFPI's Global Music Report 2018.

LA ERA DE LA DESCONEXIÓN

"No hay escapatoria de nosotros mismos.
El dilema humano es el que siempre ha sido,
y no resolvemos nada fundamental
al cubrirnos de gloria tecnológica".
Neil Postman

Los seres humanos siempre han sido considerados como animales sociales por naturaleza, y a lo largo de la historia los entornos sociales solían ser escenarios físicos de interacción y comunicación donde el espectáculo social era representado en vivo. La introducción de Internet para el público general trajo consigo cambios fundamentales en la forma de comunicación de la gente, causando también un impacto significativo en la sociedad, especialmente con el desarrollo de las redes sociales y la conectividad constante de teléfonos móviles cada vez menos usados para realizar llamadas.

El contenido compartido en la red condiciona e influencia el comportamiento más allá de la red, puede cambiar o reafirmar la ideología de las personas y afectar la manera en la que se relacionan con comunidades, puede alterar las tendencias consumistas y producir nuevos ídolos a los que seguir, puede entretener la mente y generar una nube distractora que cause accidentes y adicción, puede fomentar la búsqueda del conocimiento y facilitar el entendimiento y permite a la gente compartir piezas de sus vidas y pensamientos que pueden producir una sensación de aceptación que haga sentirles adecuados o minar su autoestima e inducirles al aislamiento depresivo en caso contrario.

Paradójicamente, la realidad de los usuarios de la red es alterada y afectada porque es interrumpida, pero aún así la conectividad es asociada con un sentimiento de libertad. El mundo virtual es considerado por sus usuarios habituales más entretenido y estimulante, es el lugar de recreo donde derrochan su tiempo, atención, energía y esfuerzo en acciones y distracciones improductivas y malsanas.

En lugar de cultivar algún sentido de comunidad en el verdadero entorno social a través de la genuina y natural práctica de hablar entre ellos, los internautas exponen sus céntricos egos en el escaparate digital, filtrando sus pensamientos y acciones para convencer y convencerse de que sus vidas son algún tipo de espectáculo de perfección y felicidad que merece ser compartido.

Las redes sociales no tienen ningún propósito social, para estas los usuarios son una fuente de ingresos, su modelo de negocio está basado en un diseño adictivo que capte la atención de los usuarios para, mediante técnicas de persuasión que explotan sus vulnerabilidades emocionales, lograr una interacción publicitaria.

La conectividad puede ayudar a mantener lazos familiares cuando algún miembro reside en la distancia, pero la tecnología que tan a menudo sirve como instrumento de aislamiento también puede suponer una amenaza para la cohesión familiar. Los niños son los que más sufren el impacto negativo de la conectividad, puesto que no son plenamente conscientes de los daños potenciales que esconden sus entretenidos juguetes digitales y, mientras los niños se ven expuestos a la explotación publicitaria y a todo tipo de contenido inmoral, los padres aprovechan la tecnología para que ejerza de niñera electrónica y les permita así reducir su cantidad de responsabilidad, cuidado y atención. Pero la unión familiar también se ve afectada cuando los miembros se niegan a limitar su desconexión interactiva y dedican su máxima atención a alguna pantalla en vez de participar activamente en las conversaciones, discusiones o reuniones familiares.

Internet también ha servido como una herramienta de expansión del espectro romántico que solía estar limitado a la red social más cercana de la vida real. Los servicios de citas de la red virtual han producido un cambio significativo en la manera en que las parejas se conocen, ampliando el acceso y las posibilidades de los usuarios de toparse con otros que compartan preferencias y un afán de amor y conexión personal que cada vez con más frecuencia comienza perfil a perfil en lugar de cara a cara.

Creer que uno puede alcanzar en algún mundo virtual un nivel de satisfacción que no puede obtener en la vida real, que uno puede llenar un vacío interior construyendo un personaje irreal e interactuar en un entorno artificial a expensas de la interacción social no es más que un simple autoengaño. A fin de cuentas, toda tecnología debe servir el propósito y la función de mejorar nuestras vidas, no reemplazar la realidad.

CIFRAS Y DATOS

3.900 millones de personas (el 51,2% de la población mundial) tenían acceso a Internet a finales de 2018.
Fuente: Unión Internacional de Telecomunicaciones.

En 2018, el total de usuarios únicos de teléfonos móviles superó los 5.130 millones de personas en todo el mundo.
Fuente: GSMA Intelligence.

La proporción de mujeres que usan Internet es un 12% menor que la de hombres.
Fuente: Unión Internacional de Telecomunicaciones.

El 70% de la juventud mundial está conectada, representando casi una cuarta parte del número total de usuarios de Internet.
Fuente Unión Internacional de Telecomunicaciones.

En 2017, el adolescente medio entre 17 y 18 años pasó más de 6 horas al día ocupando su tiempo libre en tres actividades digitales: Internet, redes sociales y mensajes.
Fuente: Jean Twenge

Más de 3.000 millones de personas en todo el mundo usan ahora las redes sociales cada mes. 9 de cada 10 de esos usuarios acceden a sus plataformas favoritas a través del móvil.
Fuente: eMarketer.

El usuario medio de Internet pasa ahora cerca de 6 horas cada día usando dispositivos conectados a la red, lo que supone cerca de un tercio de su tiempo despierto.
Fuente: GlobalWebIndex.

En los usuarios más habituales de redes sociales los niveles de depresión son 2,7 veces más altos que en usuarios que hacen un uso poco frecuente de estas plataformas.
Fuente: Escuela de Medicina de la Universidad de Pittsburgh.

Desde el comienzo de este siglo, el número de parejas que se encuentran en la red se ha más que duplicado, llegando a una proporción total de 1 de cada 5 nuevas parejas.
Fuente: Universidad Stanford.

LA ERA DE LA INCONSCIENCIA

"Es posible contentar a la gente con su servidumbre.
Puedes proporcionarles interminables cantidades de distracción y propaganda".
Aldous Huxley

Más allá de ofrecer a la gente la posibilidad de comunicarse en tiempo real, el desarrollo de Internet ha puesto a disposición de todos una ingente cantidad de conocimientos, una fuente de información y respuestas accesible en todo momento. Pero todas las distracciones creadas y propagadas para que la gente se adentre pueden causar su extravío e impedir que examinen en detalle las inextricables complejidades del mundo real y corromper su percepción de la realidad. Abrumados por la confusión, los individuos pueden terminar por distanciarse del caos y sumirse en un estado de inconsciencia.

En un tiempo de corporativización de los medios de comunicación, los intereses de las élites que los controlan son directamente opuestos a la responsabilidad que esos servicios tienen de informar a la gente. Es común el esfuerzo por suprimir disensión, es habitual ver que ciertos hechos o puntos de vista no reciben cobertura ni se mencionan, creando un sentimiento de recelo, sospecha y duda en cualquiera que busque imparcialidad y una narrativa objetiva de la realidad.

Se aprecia con una claridad desconcertante cómo los participantes de cualquier plataforma diseñada para que los usuarios se comuniquen y compartan información tienden a desperdiciar su tiempo teorizando sobre teorías sin provecho ni profundidad, con qué facilidad convierten el pensamiento crítico en insensatez y ficción en realidad, cómo defienden argumentos absurdos y una completa falta de evidencia de cualquier clase y con qué afán comparten y reparten rumores, acusaciones infundadas e información falsa sin cuestionar el contenido ni la fuente. La popularidad y accesibilidad de las redes sociales facilita luego la rápida dispersión de toda desinformación etiquetada como verdad universal.

La información es tanto una fuente de poder como una amenaza al poder puesto que cuanto más sepa y entienda uno, mayor será su tendencia a cuestionar las cosas. No carecemos en nuestro presente del acceso a la información, al conocimiento. Es más, los instrumentos de verificación están en nuestros bolsillos y hogares, tenemos a nuestro alcance la posibilidad de verificar cualquier versión del presente y de nuestro pasado. Y conocer nuestra historia, con sus páginas de grandes logros pero también los numerosos capítulos de error humano es el primer paso del trayecto que va desde la autocrítica al avance, y la guía más instructiva para evitar el camino a la autodestrucción.

CIFRAS Y DATOS

A nivel mundial, cerca del 80% de las personas ven las noticias en televisión, un 40% lee periódicos y un 25% da preferencia a fuentes de Internet.
Fuente: Universidad de Columbia.

De media, el medio de comunicación más poderoso de cada país controla un 13% de la atención pública.
Fuente: Universidad de Columbia.

Globalmente, cera del 35% de la gente consulta noticias a través de las redes sociales.
Fuente: Centro de Investigaciones Pew.

El 60% de los enlaces son compartidos sin haber accedido al contenido antes.
Fuente: Universidad de Columbia e Instituto de Francia.

En Estados Unidos se ha pasado de una disparidad de 50 compañías en 1983 a un presente donde únicamente 6 corporaciones controlan un 90% de los medios de comunicación.
Fuente: Business Insider.

El 42% de la gente que carece de educación secundaria cree en al menos una teoría de conspiración, una media que se reduce al 23% en el caso de los postgraduados.
Fuente: Joseph E. Uscinski y Joseph M. Parent.

Las noticias falsas llegan a una audiencia mayor que la verdad, y su difusión es más rápida.
Fuente: Instituto Tecnológico de Massachusetts, estudio realizado por Soroush Vosoughil, Deb Royl y Sinan Aral.

En 2016, el Diccionario Oxford escogió el término *posverdad* como palabra del año, definido como "relativo o que denota circunstancias en las que los hechos objetivos son menos influyentes en formar una opinión pública que las emociones y las creencias personales".
Fuente: Oxford Dictionaries.

LA ERA SEDENTARIA

"Un barco siempre está a salvo en puerto,
pero no es para eso para lo que fue construido".
Albert Einstein

La generalización del estilo de vida sedentario moderno que se extendió con la masiva urbanización y el desarrollo tecnológico ha ido produciendo progresivamente una reducción de la actividad física y unos hábitos poco sanos que amenazan seriamente a aquellos que caen en exceso en el tentador encanto y el seductor deleite de las comodidades contemporáneas.

El ser humano moderno dedica la mayor parte de su tiempo de ocio a pasatiempos distractores y entretenidos, rodeado de instrumentos y artefactos que fomentan la inactividad. Tecnologías para el hogar ingeniadas para realizar con más rapidez y eficiencia toda clase de tareas humanamente desalentadoras, vehículos a motor que se mueven de un punto a otro desplazando al ejercicio, escaleras mecánicas y ascensores que ascienden acelerados por una actividad mecánica, trabajos que implican poca o nula actividad física... Todo eso y más forma parte del escenario social moderno, todo pensado y programado para permitir al hombre renunciar al esfuerzo.

Las enfermedades asociadas a un modo de vida sedentario han ido convirtiéndose en comunes y frecuentes, la obesidad ha alcanzado niveles de epidemia mundial, al igual que la diabetes, y las enfermedades cardiovasculares ya son responsables de casi una de cada tres muertes. Parecería que para demasiada gente no merece el esfuerzo no terminar crónicamente impedido, dañado o morir.

Físicamente inactivos por elección o hábito, los participantes de la insana indolencia actual encaminan sus vidas hacia la discapacidad mientras tratan de encontrar el alivio o el esparcimiento en sonidos o proyecciones desde el confort del sofá, el centro universal de toda inmovilidad. Y, mientras el tiempo continuamente pasa irredimible, la mayoría de la experiencia acumulada es una experiencia ajena, pero las enfermedades son propias, y propia también la pérdida.

CIFRAS Y DATOS

Entre el 60 y el 85 por ciento de las personas a nivel mundial, tanto en países más desarrollados como menos, llevan un estilo de vida sedentario, lo que implica que sea uno de los problemas de salud más serios y sin embargo menos tratados de nuestro tiempo.
Fuente: Organización Mundial de la Salud.

Las personas que apenas realizan actividad física corren un riesgo un 20 ó 30 por ciento mayor de morir por alguna causa.
Fuente: Organización Internacional del Trabajo.

Los estilos de vida sedentarios matan a 5,3 millones de personas cada año.
Fuente: Organización Mundial de la Salud.

Los estilos de vida con poca o nula actividad física son la causa principal de obesidad, y uno de los mayores factores de riesgo de diabetes, enfermedades cardiovasculares, artrosis y cáncer de colon y de mama. En conjunto, esas enfermedades suponen el 63% de todas las muertes anuales.
Fuente: Banco Mundial.

La obesidad casi se ha triplicado a nivel global desde 1975.
Fuente: Organización Mundial de la Salud.

En 2016, más de 1.900 millones de adultos mayores de 18 años tenían sobrepeso. De ellos, 650 millones eran obesos.
Fuente: Organización Mundial de la Salud

LA ERA PSICOPATOLÓGICA

"La mejor arma contra el estrés
es nuestra capacidad de escoger un pensamiento sobre otro".
William James

La idílica imagen de comodidad y facilidad de la vida moderna esconde una realidad más oscura donde un comportamiento psicótico colectivo y una tension psicológica se extiende por un mundo en el cual a los individuos les cuesta cada vez más enfrentarse al día a día sin verse afectados por una variedad de factores de estrés.

En las sociedades materialistas modernas prevalece un permanente estado de competitividad que incita a la persona corriente a perseguir sueños superficiales de posesiones mundanas y subir cuantos más peldaños jerárquicos lo más rápido posible. Pero, común como el individuo común, el sentimiento de fracaso e insatisfacción deriva en una frustración psicológica que puede ser devastadora para la autoestima y el bienestar de una persona.

Además de los atributos psicológicos personales que definen la capacidad individual de introspección e interacción con los demás, los factores socioeconómicos y del entorno intervienen directamente en la presencia o ausencia de desórdenes mentales. Cuando la protección social y la asistencia comunitaria es ineficiente o insuficiente, los integrantes de esa sociedad están expuestos a cualquier forma de discriminación, ya sea por razones de género, orientación sexual, etnicidad, nacionalidad, religión, estatus social o clase económica.

El rápido ritmo arraigado en el estilo de vida contemporáneo y una cultura comparativa hasta el extremo inflexiblemente empujan al individuo a una búsqueda incansable pero insatisfactoria de consuelo cuya causa subyacente es un desesperante desasosiego, una realidad fabricada por el hombre para el padecimiento de todos y el sufrimiento de muchos.

La sensación de ansiedad que tan frecuentemente manifiesta la humanidad moderna puede fácilmente tornarse en depresión, y la depresión, en su estado más severo, puede llevar al suicidio, una consecuencia fatal que ha visto un incremento en los últimos tiempos, especialmente entre los jóvenes. Sin duda, algo está fundamentalmente deteriorado en cualquier sociedad en la cual una parte de la población joven que aún no ha vivido lo suficiente para poder interpretar plenamente el sentido de la vida considera que no vale la pena el esfuerzo de seguir viviendo.

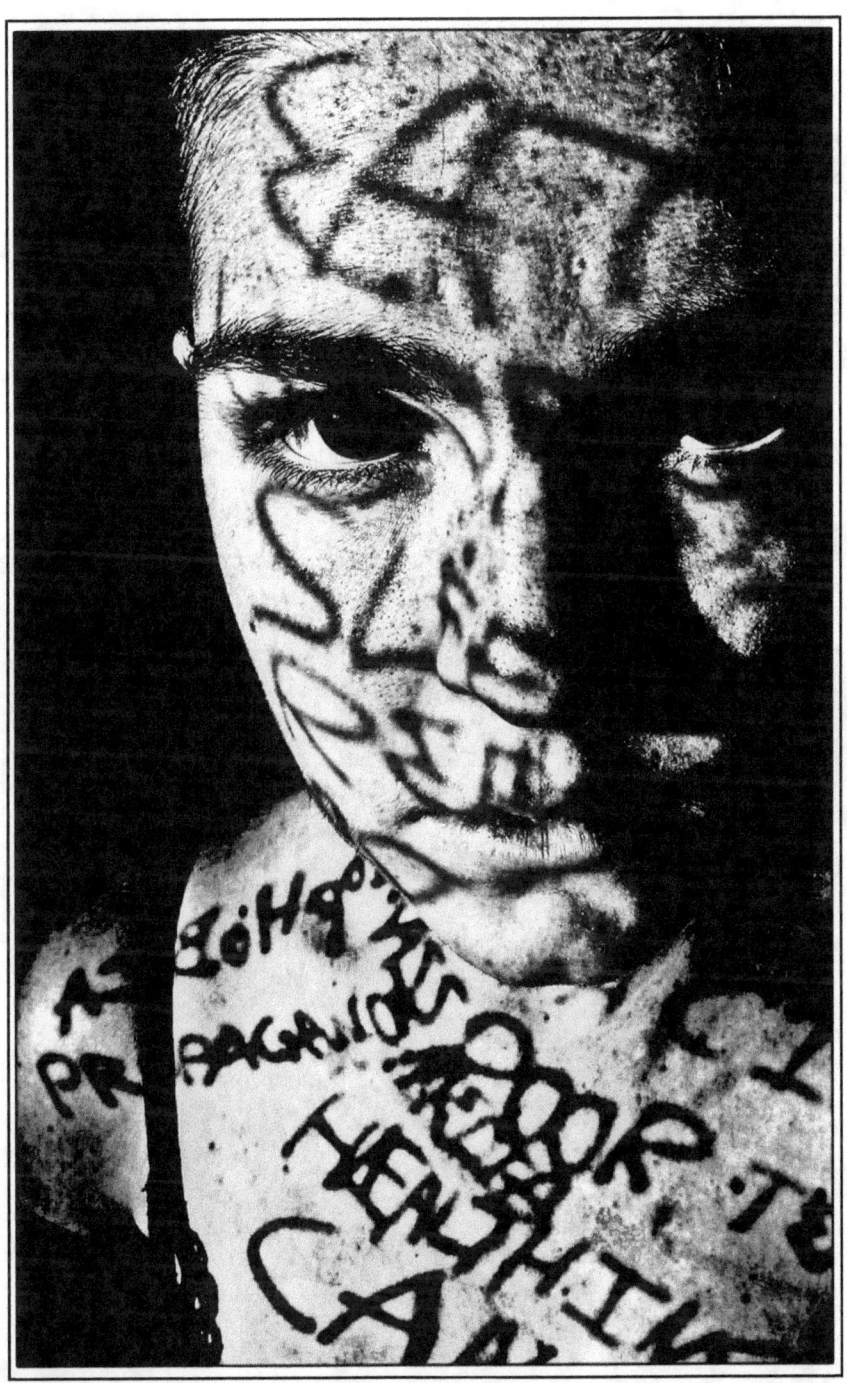

CIFRAS Y DATOS

Globalmente, se estima que 300 millones de personas sufren depresión. Las mujeres (5,1%) se ven más afectadas que los hombres (3,6%).
Fuente: Organización Mundial de la Salud.

La estimación mundial de personas que padecen ansiedad supera los 260 millones. Al igual que en el caso de la depresión, la proporción de mujeres afectadas es mayor que la de hombres (4,6% comparado con un 2,6%).
Fuente: Organización Mundial de la Salud.

El desorden afectivo bipolar afecta a unos 60 millones de personas en todo el mundo.
Fuente: Organización Mundial de la Salud.

A nivel mundial, aproximadamente 23 millones de personas padecen esquizofrenia.
Fuente: Organización Mundial de la Salud.

En países de ingresos medios y bajos, entre el 76% y el 85% de la gente con algún desorden mental no recibe tratamiento alguno. En países con mayor nivel de vida, entre el 35% y el 50% de las personas con desorden mental están en la misma situación.
Fuente: Organización Mundial de la Salud.

Hay una relación causal entre el uso nocivo del alcohol y una variedad de desórdenes mentales y del comportamiento.
Fuente: Organización Mundial de la Salud.

Cerca de 800,000 personas mueren cada año por suicidio, siendo la segunda causa de muerte entre los jóvenes de 15 a 29 años.
Fuente: Organización Mundial de la Salud.

LA ERA ADICTIVA

"No siento ningún placer en los estimulantes a los que en ocasiones me entrego con locura. No ha sido por una búsqueda de placer que he puesto en peligro mi vida, reputación y razón. Ha sido el intento desesperado de escapar de recuerdos tortuosos, de una sensación insoportable de soledad y del temor a alguna extraña e inminente condena".
Edgar Allan Poe

Los momentos de soledad o inseguridad imperan en esta era de estrés y prisa. La presion o la depresión pueden fácilmente superar la capacidad humana y crear un afán urgente de pacificar una necesidad psicológica a toda costa y a cualquier coste.

En un mundo de orientación comercial, incluso el dolor puede ser capitalizado. Aparte de los mercados negros y las oscuras capas que camuflan la red oscura de Internet, las compañías farmacéuticas explotan con agresividad el mercado del dolor físico y emocional y persuaden al público a echar mano de alguna droga para calmar su sufrimiento, contribuyendo así legalmente a una empidemia de abuso masivo de sustancias.

Proporcional al deoorrollo tccnológico del muiidu moderno, una variedad de conductas adictivas se han extendido con el uso de herramientas y dispositivos digitales. Una tendencia que comenzó a finales de 1970, cuando los ordenadores personales y las consolas empezaron a entrar en los hogares como consecuencia de la revolución en microcomputación, que precedió a la llegada de Internet y la creación de teléfonos inteligentes, objetos comunes hoy en día del mercado masivo de consumo electrónico. Con la generalización de la portabilidad y el diseño eficiente de contenido adictivo, el uso sin control del móvil empezó a convertirse en una costumbre común y cotidiana de la vida moderna, al igual que las consecuencias de una de las mayores adicciones del presente.

En una era de exceso de deseos y opciones se ha hecho demasiado duro para demasiada gente escapar a una diversidad de trastornos tales como la alimentación y la compra compulsiva o adicciones a actividades como el ejercicio, el sexo, las apuestas e incluso al trabajo. Pero dar prioridad a la satisfacción de sentimientos de intenso deseo o irresistible necesidad trae como resultado una variedad de efectos negativos de orden psicológico, fisiológico, social y económico que bien pueden resumirse en una pérdida de control, uno de los conceptos que causa más temor a la mayoría de seres humanos.

A nivel mundial, aproximadamente 275 millones de personas (el 5,6% del total) con edades comprendidas entre los 15 y los 64 años consumieron alguna droga al menos una vez en el año 2016.
Fuente: Oficina de Naciones Unidas contra la Droga y el Delito.

Unos 31 millones de personas sufren trastornos por uso de drogas.
Fuente: Oficina de Naciones Unidas contra la Droga y el Delito.

El 38,3% de la población mundial bebe alcohol. La media de consumo annual de alcohol puro es de 17 litros.
Fuente: Organización Mundial de la Salud.

El abuso de alcohol provoca 3,3 millones de muertes al año.
Fuente: Organización Mundial de la Salud.

El tabaco mata a más de 7 millones de personas cada año. Más de 6 millones de esas muertes son el resultado de uso directo de tabaco, mientras cerca de 890.000 corresponden a fumadores pasivos expuestos al humo de cigarrillos.
Fuente: Organización Mundial de la Salud.

Cerca del 80% de los 1.100 millones de fumadores viven en países de ingresos medio-bajos.
Fuente: Organización Mundial de la Salud.

Desde el año 2000, la cifra de muertes a nivel global directamente causadas por el uso de drogas ha aumentado en más del 60%. El 76% de esas muertes tiene relación con el uso de opioides.
Fuente: Oficina de Naciones Unidas contra la Droga y el Delito.

A pesar de que la población de Estados Unidos corresponde a menos del 5% del total mundial, consume cerca del 80% de la producción de opioides.
Fuente: American Academy of Pain Medicine (AAPM).

La superficie mundial total destinada al cultivo de adormidera aumentó hasta casi 420.000 hectáreas en 2017. Más del 75% se encuentra en Afganistán.
Fuente: Oficina de Naciones Unidas contra la Droga y el Delito.

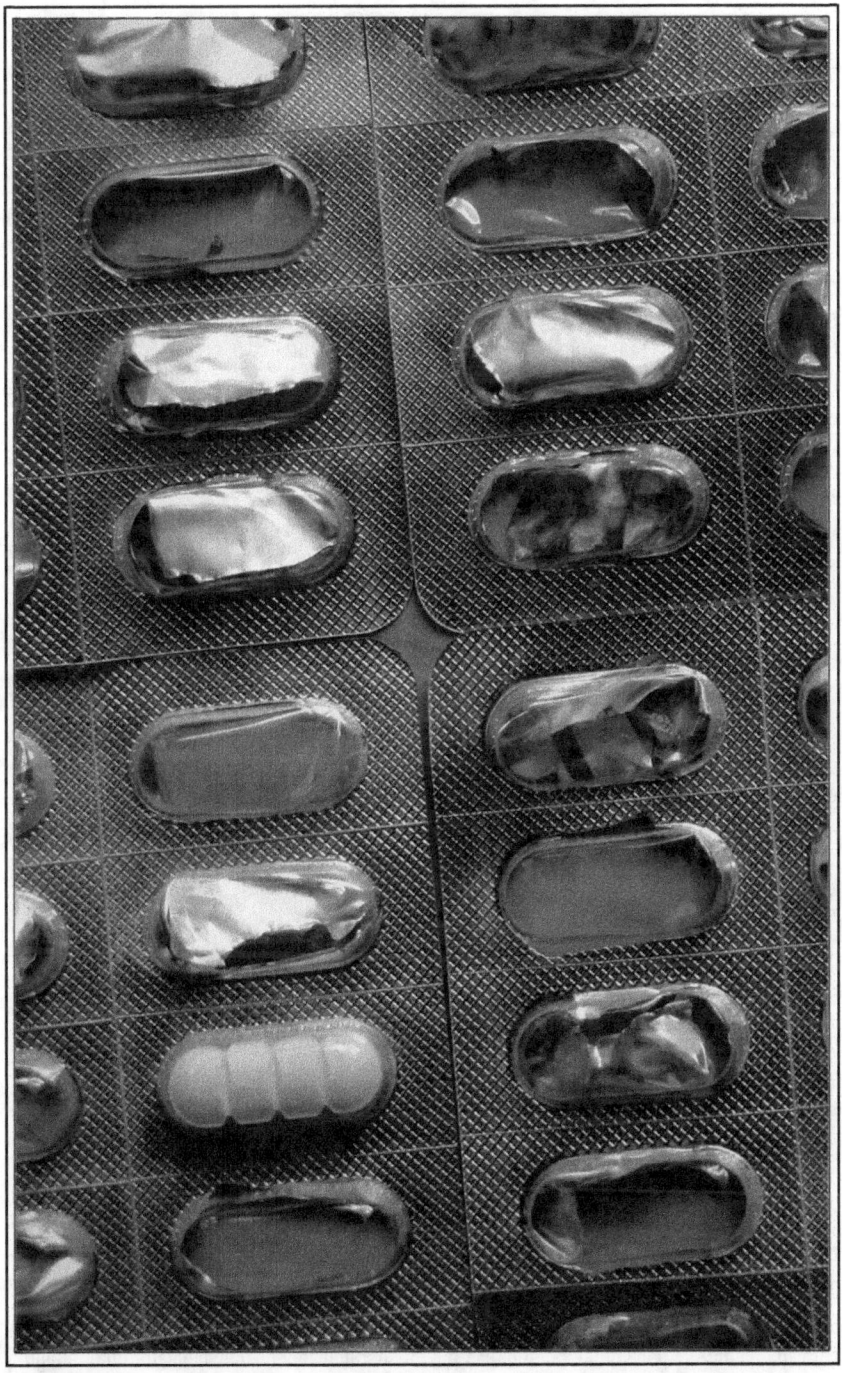

LA ERA DEL TERROR

"La matanza sin sentido de civiles inocentes es terrorismo,
no una guerra contra el terror".
Noam Chomsky

Los ataques terroristas perpetrados en suelo estadounidense en 2001 marcaron el comienzo de una nueva era, una era de guerra global librada por el primer poder occidental contra un enemigo sin nación, una guerra definida con total ambigüedad como una guerra contra el terror. Lo que trajo consigo fue una escalada cíclica de inestabilidad e inseguridad a nivel mundial y un flujo internacional masivo de refugiados forzados a dejar sus hogares a la vez que eran etiquetados como amenazas potenciales por quienes causaron o permitieron tal crisis humanitaria.

Mediante el uso de técnicas de coacción diseñadas para asegurar el control ideológico de los ciudadanos y sostener el coste y la moralidad intervencionista, los líderes fabricaron una percepción de amenaza y manipularon la emoción del miedo que convierte a la gente en vulnerable, más susceptible y menos reacia a una pérdida de libertad. Los medios de comunicación explotaron con impudicia e inmediatez la circunstancia, para aumentar su audiencia extremaron la cobertura sensacionalista de espectáculos de horror y extendieron el tiempo dedicado al drama con debates superfluos, todo parte de un producto mediático elaborado para crear en la mente del espectador la percepción paranoica de que en cualquier lugar podría esconderse una amenaza potencial a su seguridad. Y así, el constante y persistente estado de temor popular terminó produciendo un sentimiento de ansiedad y estrés a escala masiva.

El temor y la paranoia popular acrecentado por las tormentosas historias de intimidación y terror permitió a los gobiernos poner en marcha sistemas intrusivos de vigilancia escudados en la percepción de seguridad, cuya aceptación popular mayoritaria estaba garantizada por una mayoritaria convicción de que la sensación de seguridad debe preceder a cualquier sentimiento de libertad.

El expresidente estadounidense Dwight Eisenhower ya advirtió en 1961 a la opinión pública en su honestamente condenatorio discurso de despedida sobre el poder de influencia de lo que denominó el complejo militar-industrial, una industria con su propio sistema de propaganda, sustentado por medios de comunicación nacionales e internacionales y la retórica política. Y para que esa industria pueda sostenerse y crecer necesita un enemigo, y cuanto más aterrador, mejor.

CIFRAS Y DATOS

El 38% de la recaudación del impuesto sobre la renta en Estados Unidos es gastado en defensa.
Fuente: The New York Times.

Al Qaeda invirtió cerca de medio millón de dólares en la destrucción de las Torres Gemelas y dañar el Pentágono. Estados Unidos ha gastado más de 3,3 billones de dólares en respuesta, el equivalente a una quinta parte de la deuda nacional del país.
Fuente: The New York Times.

En 2014 había más de 245 millones de cámaras de vigilancia profesionales instaladas en todo el mundo.
Fuente: IHS.

Más del 20% de todas las cámaras de vigilancia están conectadas a Internet.
Fuente: IHS.

El valor estimado del mercado global de videovigilancia era de unos 32.000 millones de dólares en 2017.
Fuente: BIS Research.

LA ERA DE LA EMANCIPACIÓN

"Fortalece la mente femenina engrandeciéndola,
y terminará la obediencia ciega".
Mary Wollstonecraft

A lo largo de los siglos y las eras, los hombres han establecido la estructura y las reglas de las sociedades jerárquicas que han creado, asignando a la población femenina un rol secundario. Así, la obligación se convirtió en tradición.

Durante miles de años, las leyes discriminatorias impuestas por el género autoritario han limitado las oportunidades y el potencial de las mujeres, haciendo más difícil o imposible que pudieran prosperar económicamente, limitando su capacidad de tomar decisiones, restringiendo, en esencia, su libertad de una forma u otra.

Teniendo en cuenta la extensa historia de las sociedades humanas, la lucha de las mujeres por obtener derechos igualitarios sociales y constitucionales es un fenómeno relativamente reciente y mucho se ha logrado en poco más de un siglo, pero los derechos gradualmente conseguidos ahora dados por sentado en el mundo occidental no existen parcial o totalmente en la mayoría de los países menos desarrollados, en muchos de los cuales las mujeres aún tienen asignadas las tradicionales tareas cuidadoras y donde apenas se aplican penas criminales a los casos de violencia doméstica y sexual, abuso o acoso, y donde el matrimonio infantil es aún legal.

Los hombres han intentado múltiples modelos, pero la alternativa femenina en una escala amplia nunca ha sido siquiera considerada. Durante las distintas etapas de la civilización humana, los hombres han pretendido justificar o defender incoherentemente su costumbre dominante sobre las mujeres con innumerables argumentos, todos abiertos a interpretación o discusión, pero la falta de oportunidades significativas para que las mujeres pudieran marcar la diferencia a lo largo de la historia e incluso en la mayor parte del mundo moderno es innegable, como lo es el hecho de que, a pesar de representar la mitad de la población global, las mujeres forman la mayoría de las personas hambrientas del planeta y sufren una desproporción extrema de recursos. Ese es el dramático pero real epílogo de una arraigada exclusión y subordinación del género femenino.

La lucha por los derechos de la mujer es una lucha justa en su esencia, una lucha que no debería tener motivo de existencia en sociedad avanzada, equitativa y libre alguna, pero que aún parece estar a una distancia considerable del fin.

CIFRAS Y DATOS

A nivel mundial, las mujeres únicamente poseen tres cuartas partes de los derechos que disfrutan los hombres.
Fuente: Banco Mundial.

Únicamente 6 países en el mundo garantizan la igualdad de derechos laborales: Bélgica, Dinamarca, Francia, Letonia, Luxemburgo y Suecia.
Fuente: Banco Mundial.

Al ritmo de cambio actual, llevaría 217 años cerrar la brecha salarial y de oportunidades laborales entre mujeres y hombres.
Fuente: Oxfam Internacional.

Entre 2008 y 2017, 56 países no aprobaron reforma alguna para mejorar la igualdad de oportunidad para las mujeres.
Fuente: Banco Mundial.

Unas 62 millones de niñas a nivel mundial no tienen acceso a la educación.
Fuente: Naciones Unidas.

La mayoría de las titulaciones universitarias son obtenidas por mujeres en casi todos los países miembros de la OCDE.
Fuente: Universidad Yale.

En Estados Unidos hay 66 mujeres en puestos de dirección por cada 100 hombres, y realizan casi el doble de tareas de cuidado no remuneradas que el hombre.
Fuente: Foro Económico Mundial.

En algunas regiones como Asia del Sur, Oriente Medio y África del Norte las mujeres realizan hasta el 90% de las tareas de cuidado no remuneradas.
Fuente: Foro Económico Mundial.

Alrededor de una de cada tres (35%) mujeres en el mundo han sufrido violencia física y/o sexual de pareja o violencia sexual por terceros en algún momento de su vida.
Fuente: Organización Mundial de la Salud.

1 de cada 7 niñas en países en vías de desarrollo (excluyendo a China) acaba casada antes de cumplir los 15 años.
Fuente: Naciones Unidas.

LA ERA URBANA

"Todos necesitamos el viviente verdor para no marchitarnos por dentro.
Convertir a la ciudad moderna en habitable es la tarea de nuestro tiempo".
Jens Jensen

Durante la primera mitad del siglo XX, la mayoría de los países desarrollados sufrieron un proceso de transformación demográfica y una diversificación de la estructura económica como resultado de una reducción de la actividad agrícola y el cambio en los métodos tradicionales de fabricación, lo que impulsó una migración en masa de habitantes de zonas rurales hacia los centros urbanos. En tiempos más recientes, el mismo proceso se produjo en algunos países emergentes, especialmente en China, hasta el punto de convertirse en la nación que ha experimentado la mayor migración masiva de la historia humana.

El incremento en el ritmo de urbanización reciente asombra si se considera el hecho de que en 1950 menos de un tercio de la población mundial residía en ciudades y en el presente más de la mitad de los seres humanos subsisten en urbes, y en muchos países la proporción se ha duplicado. Durante ese tiempo, la pobreza y los conflictos han sido las principales fuerzas demográficas del éxodo de tantos integrantes de comunidades rurales asentadas en el escenario natural.

Dentro de no mucho se añadirá otro factor de migración masiva a los centros urbanos, puesto que las consecuencias del cambio climático se convertirán en el condicionante más extremo. Inestable como la percepción del futuro, el estado natural de nuestro mundo está sufriendo una serie de alteraciones que pueden forzar a millones de personas a huir de zonas afectadas por el aumento del nivel del mar, o las cada vez más frecuentes sequías, tormentas e inundaciones.

Con el crecimiento urbano aumenta el desafío de habitabilidad de las ciudades y la dificultad de ofrecer a los residentes ciertas oportunidades y expectativas socioeconómicas sin transformar ese entorno delimitado en uno insalubre. Al crecer una ciudad, crece la necesidad de aplicar el diseño más eficiente que ofrezca a unos seres naturales las condiciones de vivir en un indispensable equilibrio con un entorno antinatural.

CIFRAS Y DATOS

En 1950 únicamente existían 2 de las denominadas megaciudades (de más de 10 millones de habitantes). Hoy hay más de 30.
Fuente: Naciones Unidas.

En la actualidad, el 55% de las personas del mundo vive en áreas urbanas.
Fuente: Naciones Unidas.

Más de la mitad de la población mundial vive a menos de 60 kilómetros del mar.
Fuente: Organización Mundial de la Salud.

Globalmente, el 30% de los residentes urbanos no tiene acceso a protección o servicios básicos.
Fuente: ONU Medio Ambiente.

Se estima que hay unos 244 millones de migrantes internacionales. En el caso de la migración interna, el total ronda los 750 millones de personas.
Fuente: Organización Internacional para las Migraciones.

Se espera que hasta 2030 la migración a ciudades desplazará a unos 2.700 millones más.
Fuente: Organización Internacional para las Migraciones.

Los países emergentes son responsables del 93% de la urbanización global. De esa mayoría, un 40% corresponde a la expansión de zonas marginales.
Fuente: ONU-Hábitat, 2010.

El 80% del crecimiento urbano en Asia Oriental entre 2000 y 2010 se produjo en China.
Fuente: Banco Mundial.

Unos 287 millones de migrantes rurales trabajaban en las ciudades de China en 2017.
Fuente: Instituto Nacional de Estadística de China.

En el año 2025, las ciudades del mundo producirán cerca de 2.200 millones de toneladas de residuos cada año, más del triple del total producido en el año 2009.
Fuente: ONU Medio Ambiente.

El 64% de las ciudades a nivel mundial excede el límite de partículas PM 2,5 en suspensión en el aire recomendado por la Organización Mundial de la Salud.
Fuente: Greenpeace y AirVisual.

LA ERA ANTINATURAL

"Somos la primera generación capaz de terminar con la pobreza,
y la última generación que puede dar el paso para evitar
los peores impactos del cambio climático.
las generaciones futuras nos juzgarán con dureza si fracasamos
en cumplir con nuestras responsabilidades morales e históricas".
Bank Ki-moon

Desde los albores de la Revolución Industrial, el carbón y el petróleo han dado forma al mundo tal y como lo conocemos hoy, y a través de la explotación de los recursos naturales la humanidad ha logrado un desarrollo económico sin precedentes que, junto con los avances científicos, ha resultado en un aumento de población, longevidad, prosperidad y confort.

Pero con el incesante proceso de sobreexplotación de los recursos naturales y el consecuente exceso de polución, la humanidad ha impactado de forma negativa en la mayoría de los seres vivos, ha interferido en el equilibrio natural del planeta del cual dependen todas las especies y ha causado un ciclo disruptivo que está convirtiendo el progreso y la evolución en regresión e involución.

Desde 1972, cuando se estableció la Conferencia de Estocolmo y el Programa de Naciones Unidas para el Medio Ambiente, se han negociado más de 500 acuerdos para afrontar la degradación medioambiental. Se establecieron objetivos, pero nunca se llegaron a cumplir.

De este modo, los hábitos de consumo y producción de la civilización humana han continuado comprometiendo nuestro bienestar y deteriorando el enotorno natural del mundo que nos dio la vida y nos ofrece los medios para progresar, pero que explotamos avariciosamente más allá de todo límite de sostenibilidad, lógica y razón. Ahora, catástrofes en forma de inundaciones, huracanes, tormentas, sequías e incendios ocurren cada vez con más frecuencia e intensidad, todas las especies de mamíferos, aves, reptiles, anfibios, artrópodos, peces, crustáceos, corales y plantas han sufrido un declive, y el mundo está padeciendo una extinción masiva de especies.

Amenazamos el equilibrio de los océanos y mares que cubren casi tres cuartas partes de la superficie terrestre y albergan recursos vitales y biodiversidad única, regulan nuestro clima y generan la mayor parte del oxígeno de la atmósfera.

Un variedad de fuentes contaminantes de creación humana como el uso de combustibles fósiles, la producción y distribución energética, los procesos industriales, el tratamiento de residuos o las actividades agrícolas contribuye a la polución del aire que hace posible la vida, y el incremento del efecto invernadero que estamos generando está aumentando la temperatura global en tal grado que está derritiendo el hielo marino que enfría el planeta, y amenaza con descongelar el suelo helado que cubre una parte significante de las zonas más septentrionales y mantiene gases de efecto invernadero confinados y fuera de la atmósfera.

Hemos roto los vínculos de ecosistemas entrelazados a través de la deforestación de selvas tropicales y la construcción de embalses que cortan las arterias de los ríos. La degradación amenaza a los bosques que cubren un tercio del planeta y que son el hogar de más de la mitad de las especies de animales terrestres, plantas e insectos y que desempeñan un papel esencial en la prevención del cambio climático. Nuestra expansión imparable de actividades agrícolas se está volviendo insostenible y está produciendo un daño medioambiental en forma de erosión de suelos, polución de aguas por el uso de productos agroquímicos y emisión de gases de efecto invernadero.

Con los avances en tecnología hemos conseguido descifrar y reescribir el código de la vida, ahora somos capaces de manipular y alterar organismos y crear vida sintética a través de técnicas de edición genética que prometen ofrecer nuevas funcionalidades y alternativas, pero jugar a ser Dios o la Madre Naturaleza es algo que también entraña riesgos inciertos y consecuencias impredecibles.

El alcance de nuestra actividad contaminante incluso ha traspasado el límite de nuestro planeta, hemos dejado innumerables cantidades de residuos del progreso orbitando la Tierra en lo que puede verse como el retrato extraplanetario de la inextinguible huella de nuestro exceso y negligencia.

Lo más descorazonador es el hecho de que todas las tecnologías y recursos para revertir esta tendencia apocalíptica ya existen, pero no se aprovechan. Los programas de reciclaje son inexistentes o ineficientes y el uso de energías renovables es interesadamente descartado a pesar del beneficio medioambiental o el ahorro económico y pese a que su implementación supondría una revitalización socioeconómica con la creación de un número importante de empleos especializados y oportunidades.

Realizamos todo ese acto autodestructivo irracional y antinatural sin pararnos a reflexionar sobre nuestra obligación moral y las consecuencias ineludibles de la inacción mientras las corporaciones cargan a los consumidores con la responsabilidad y la culpa, y toda parte interesada niega obstinadamente cualquier evidencia científica de nuestra innegable desnaturalización.

Se estima que, globalmente, 12,6 millones de muertes, o 1 de cada 4 al año, son atribuibles a entornos insalubres.
Fuente: Organización Mundial de la Salud.

Los humanos han aumentado el nivel de concentración atmosférica de dióxido de carbono en más de un tercio desde el comienzo de la Revolución Industrial.
Fuente: Grupo Intergubernamental de Expertos sobre el Cambio Climático.

La especie humana ha causado una subida global de temperaturas 170 veces más rápido que el ritmo natural, han modificado deliberadamente más del 75% de las tierras del planeta y alterado permanentemente el curso de más del 93% de los ríos del mundo.
Fuente: ONU Medio Ambiente.

Unos 8 millones de toneladas de plásticos terminan cada año en los océanos.
Fuente: ONU Medio Ambiente.

La destrucción y explotación de hábitats y el cambio climático están acabando con la mitad de la población de animales salvajes del mundo.
Fuente: Nature Publishing Group.

La salud de la biodiversidad del mundo ha disminuido un 30% desde 1970.
Fuente: World Wildlife Fund, 2012.

Estamos en medio del periodo de extinción de especies más largo en los últimos 60 millones de años, con una pérdida de especies entre 1.000 y 10.000 veces mayor que el ritmo normal.
Fuente: Centro Nacional para la Información Biotecnológica.

A nivel mundial, el número de desastres naturales relacionados con la meteorología se ha más que triplicado desde los años sesenta.
Fuente: Organización Mundial de la Salud.

De media, los desastres naturales afectan a 218 millones de personas y cuestan 68.000 vidas al año.
Fuente: EM-DAT.

Desde 1992, las inundaciones, sequías y tormentas han afectado a más de 4.000 millones de personas.
Fuente: UNISDR, 2012.

7 millones de personas mueren al año por exposición a aire contaminado en todo el mundo.
Fuente: Organización Mundial de la Salud.

9 de cada 10 personas respiran aire que contiene altos niveles de polución.
Fuente: Organización Mundial de la Salud.

El uso de agua ha aumentado globalmente cerca del 1% anual desde los años 80. Unos 4.000 millones de personas han sufrido escasez extrema de agua durante al menos un mes al año.
Fuente: Naciones Unidas.

Se estima que el 90% de las aguas residuales de los países emergentes acaba directamente en ríos, lagos y mares sin haber sido tratadas previamente.
Fuente: UNEP, 2010.

Aproximadamente 1.800 millones de personas beben de una fuente de agua fecalmente contaminada.
Fuente: Bain et al., 2014.

2.500 millones de personas no tienen acceso a instalaciones de saneamiento óptimas.
Fuente: Organización Mundial de la Salud y UNICEF, 2014.

La industria química mundial alcanzó una capacidad de producción de 2.300 millones de toneladas en 2017, con un valor de 5 billones de dólares.
Fuente: ONU Medio Ambiente.

A escala mundial, cerca de dos tercios de la electricidad proviene del uso de combustibles fósiles contaminantes.
Fuente: Agencia Internacional de las Energías Renovables.

A día de hoy, el nivel del mar ha aumentado entre 13 y 23 centímetros de media comparado con el año 1900. Durante los 2.000 años anteriores el nivel del mar apenas cambió.
Fuente: Instituto Smithsoniano.

Desde 1970 a 2018 se han vertido en el mar aproximadamente 5,86 millones de toneladas de petróleo como resultado de accidentes de buques petroleros.
Fuente: ITOF.

LA NUEVA ERA

"No podemos resolver problemas pensando
de la misma manera que cuando los creamos".
Albert Einstein

Desde una perspectiva genuinamente realista, nuestro periodo de evolución en este planeta se está transformando en una involución que únicamente puede terminar en disrupción. Nuestra actitud dominante sobre el entorno natural es el resultado de una convicción secular de que somos la medida de todas las cosas y, convencidos de que nuestra arrogancia es justa y justificada, escogemos ignorar la conexión entre humanidad y naturaleza. Vivimos obsesionados con el destino económico del mundo mientras nos negamos a admitir que estamos convirtiendo el planeta en un gigantesco vertedero. Envenenamos las aguas y el aire, causamos la extinción de especies animales a ritmos imprecedentes y ponemos en riesgo aquello por lo que vivimos y más queremos, nuestra descendencia.

Si echamos un vistazo crítico a la ceguera con la que vivimos nuestro presente y la relación entre nuestra especie moderna y el medio ambiente, parece que estamos cometiendo un injustificable acto de negligencia al cargar sobre las espaldas de los hijos de hoy la responsabilidad de corregir nuestros males, errores y excesos. También parece que esta generación de jóvenes no está preparada para tal tarea, mayormente porque nosotros les hemos sobreconsentido y no hemos sido capaces de transmitirles la importancia de conceptos como sacrificio y esfuerzo. Y, en cuanto a su actitud hacia la vida, no podemos culpar a la generación joven de su escepticismo y su cinismo, de perder la fe y sentir desilusión hacia nosotros y el futuro, solamente podemos culparnos a nosotros msimos por no haber sido capaces de transmitirles un sentido de propósito y la percepción de que su tiempo será mejor que nuestros días.

Lo que es necesario es que afrontemos nuestras limitaciones, todo lo que hemos hecho mal y todos los incómodos pensamientos sobre este momento y época, y el tiempo que vendrá. Necesitamos reconsiderar, rebelarnos y reconstituir. Necesitamos mirar en nuestro interior con coraje y determinación para profundizar en el entendimiento del estado del mundo y reconocer la necesidad de un cambio social, comenzando con un cambio interior en la consciencia de los individuos para el beneficio de todos y para el mejoramiento de la humanidad.

Si pretendemos avanzar y construir una estructura social y un orden basado en el bien común, la redistribución de la riqueza es un asunto imperativo de justicia social y ha de entenderse como el mayor fin común, y para conseguir que se produzca necesitamos encauzar nuestra rabia y resentimiento en una dirección positiva y tomar parte activamente en un proceso de progresión.

Nuestra obligación es exigir responsabilidades a toda empresa que únicamente persiga el objetivo del beneficio sobre todo lo demás, ya sea por hacer miserable la vida de la gente mediante la sobreexplotación o la precariedad salarial, por contribuir a la degradación de nuestro entorno natural y el sufrimiento y extinción animal o por resquebrajar las fibras sociales con la evasión de impuestos o la fuga de capitales y la inversión políticamente interesada en gobiernos e instituciones fundadas en la premisa de servir a la gente. La gente común y corriente se suele sentir carente de poder, pero la realidad es que posee todo el poder necesario para provocar un cambio: tiene el poder del voto y el poder de escoger cómo y en qué realiza el gasto monetario. En un mundo orientado económicamente, centrado en el crecimiento a toda costa, incluso a costa de todo el progreso que la humanidad ha ido acumulando e incluso a costa de la vida misma, las estructuras de poder son ahora más fuertes y ricas que ningún otro momento de la historia humana, pero aun así son vulnerables al simple pero decisivo factor de la elección. La gente común, como consumidores, tiene el poder de equilibrar la global desproporción económica, social y natural a través de un boicot consciente y comprometido de todo aquello producido por una compañía que hace que la vida sea menos justa para algunos o muchos, y el mundo un lugar menos habitable para todos.

Debemos terminar el capítulo de una era de excesos en la que hemos consumido la vida de forma temeraria y de un modo tóxico mientras hemos sembrado semillas de destrucción y pasar una nueva página donde la historia comience con un examen colectivo que nos permita reconocer que proteger el entorno y las oportunidades de futuro para futuras generaciones no es solamente el mayor desafío de nuestro tiempo, sino también un asunto de vital importancia que ofrece la mayor de las recompensas, puesto que lo que está en juego es la vida misma.

Al final, si todos nosotros, independientemente de nacionalidad, religión, raza, género o clase no somos capaces de centrar nuestra atención en el auténtico aspecto de la realidad e intuir lo que se aproxima, si no aceptamos nuestra responsabilidad por las consecuencias de nuestras acciones colectivas y escogemos en su lugar la inacción, si renegamos de nuestra responsabilidad hacia las generaciones futuras y nuestro planeta, nuestra especie no solo está en riesgo sino ya condenada y sentenciada a la oscuridad que precede a un amanecer fatal de una nueva era, una de vacío y nada.

CRÉDITOS FOTOGRÁFICOS

LA ERA DE LA RABIA
Anthony Crider
Ithmus

LA ERA CORPORATIVA
Ajith Kumar
David Shankbone
Roman Boed

LA ERA DE LA DESIGUALDAD
David Vilder
Christoffer Torris Olsen
Guido van Nispen
Daniel Lobo

LA ERA DEL CONSUMISMO
Parallax Corporation
Matt Buck
Eddiedangerous
Sigfrid Lundberg

LA ERA DE LA PROPAGANDA
Juan Sáez
Colton Vond
Cary Bass-Deschenes

LA ERA DEL ENDEUDAMIENTO
Sean Davis
David Drexler

LA ERA DEL INDIVIDUALISMO
Jonathan Kos-Read
M S

LA ERA DE LA ADOCTRINACIÓN
Eddiedangerous
M R

LA ERA DE LA SUPERFICIALIDAD
Nicolas Rénac
Matthias Ripp

LA ERA DEL ENTRETENIMIENTO
CGP Grey
Kyle McDonald

LA ERA DE LA DESCONEXIÓN
Sandor Somkuti
Ömer Diyelim
Keiyac

LA ERA DE LA INCONSCIENCIA
Véronique Debord-Lazaro
Mobilus In Mobili

LA ERA SEDENTARIA
Lord Jim
Miquel Angel Pintanel Bassets

LA ERA PSICOPATOLÓGICA
Megan Rae
Fan D

LA ERA ADICTIVA
Yanqi Ding's Street Photography
melan.cholerikerin

LA ERA DEL TERROR
Anthony
Sam Felder

LA ERA DE LA EMANCIPACIÓN
Magdalena Roeseler
Mobilus In Mobili

LA ERA URBANA
Kenneth Hagemeyer
Christian Haugen

LA ERA ANTINATURAL
Peter Rosbjerg
Vaidehi Shah
Bastian Greshake Tzovaras
Federico Ettlin

LA NUEVA ERA
Mathiaswasik
Dope On Plastic

www.ingramcontent.com/pod-product-compliance
Lightning Source LLC
Chambersburg PA
CBHW072208280526
45788CB00002B/929